BIBLIOTHEQUE CHRÉTIENNE

DE L'ADOLESCENCE ET DU JEUNE AGE,

Publiée avec approbation

DE MONSEIGNEUR L'ÉVÊQUE DE LIMOGES.

—

IN-8° -- 2ᵉ SÉRIE.

LA
CIVILITÉ

EN IMAGES ET EN ACTIONS

PAR

M. L'ABBÉ DE SAVIGNY.

LIMOGES
F. F. ARDANT FRÈRES,
7, Avenue du Midi.

PARIS
F. F. ARDANT FRÈRES,
4, quai du Marché-Neuf.

LA CIVILITÉ

EN IMAGES ET EN ACTIONS.

✦✦✦✦✦✦✦✦✦✦✦✦✦✦✦✦✦✦✦✦✦✦✦✦✦✦✦✦✦✦✦✦✦✦✦✦

CONTE I.

—

LE RÉVEILLE-MATIN.

Chaque matin, quand huit heures sonnaient à l'horloge
du palais de la chambre des pairs, dont l'un des cadrans,
placé rue de Tournon, est voisin du domicile de madame
Melville, cette dame entrait dans la chambre d'Aglaé, sa
fille, âgée de huit ans, et Aglaé dormait encore. En vain lui
faisait-elle des reproches sur la paresse, aussi nuisible à
sa santé qu'à ses progrès, en vain elle lui citait Eugène
son frère, qui, chaque jour, était levé avant elle ; Aglaé
promettait de se corriger, mais le lendemain elle retom-
bait dans le même défaut, et en comptant les heures de
sommeil, elle disait avec un accent de tristesse et de regret
« J'ai fait encore tout le tour du cadran dans mon lit. »

Dans la maison habitée par madame Melville résidait
aussi madame de Cernain, mère d'une nombreuse famille,
qu'elle élevait dans les sentiments de la plus exacte piété.
Cette dame observait l'ancien et louable usage de faire

chaque jour la prière en commun dans l'intérieur de la famille. Par cette réunion des domestiques et des maîtres, elle aimait à rappeler devant l'Eternel l'égalité dont l'Evangile est la base, et qui, en tempérant l'orgueil des grands, console les petits de leur infériorité et de leurs privations.

Madame de Cernain avait invité la famille de son amie à se joindre à la sienne aux heures des prières. Chaque matin, la paresse d'Aglaé ajournait cette réunion.

Eugène était fier de mériter les éloges que sa mère donnait à ses habitudes matinales ; mais un jour, madame Melville tempéra cette satisfaction par un reproche.

« Mon ami, lui dit-elle, je t'ai proposé souvent pour modèle à ta sœur, afin de faire naître en elle un peu d'émulation, mais je me suis bien gardé de lui dire que tu n'es matinale que pour satisfaire à un défaut presque aussi grave que la paresse. Ta première pensée, en te levant, appartient à Dieu, à qui tu dois une prière ; ta seconde pensée doit être pour tes parents, à qui tu dois un bonjour respectueux. Au lieu de cela, si tu dérobes quelques moments au sommeil, c'est pour t'occuper des soins frivoles de ta mise et de ta parure.

» Sans doute, continuait madame Melville, la propreté, que l'on compare à l'image de la netteté de l'âme, est une partie très importante de la civilité. La décence extérieure contribue à l'entretien de la santé, et elle rend notre présence agréable aux autres. C'est l'extérieur qui, frappant au premier coup d'œil, décide de la première impression, si souvent d'une extrême importance dans la vie.

» La propreté veut que chaque matin on se lave les mains, puis le visage, le cou, les oreilles, que la chevelure soit peignée, brossée avec soin, que les ongles soient rognées avec des ciseaux, que la bouche soit nettoyée intérieurement et extérieurement, et qu'au moins toutes les semaines les pieds soient mis au bain. Quant à la propreté des vêtements, le linge ne saurait être trop blanc, ni trop souvent changé ; la chaussure doit toujours être propre, les taches doivent dis-

Le réveille-matin.

paraître aussitôt qu'elles se montrent, le chapeau ne doit pas être mis sur la tête avant d'avoir été brossé.

» Si tu ne t'occupais, Eugène, que de ces détails, dit madame de Melville, je serais loin de te blâmer, mais c'est à des soins de pure coquetterie que tu dépenses ton temps ; la toilette est pour toi une occupation sérieuse. Tu fais une étude grave de l'art de mettre ta cravatte. Avant de savoir quel gilet tu porteras, tu essaies tous ceux qui sont dans tes armoires. Si tu consultes les modes, c'est pour t'extasier sur celles qui ont un cachet d'extravagance ; et si je cédais à tes désirs, en t'achetant les vêtements que tu convoites, on te montrerait au doigt dans la rue. La mode est un tyran dont il faut, à la vérité, suivre les lois et le caprice, mais on doit lui obéir sans trop d'empressement, c'est-à-dire la suivre de loin.

La leçon donnée par madame Melville porta fruit, et le lendemain elle vit avec plaisir Eugène se mettre au travail de bonne heure. En s'habillant, il se passa du secours de Charlot, domestique qui chaque jour l'assistait. Tout ce qu'Eugène put faire par lui-même, il le fit, sans avoir besoin d'aide ; ainsi, il releva un de ses vêtements qui était tombé, il l'épousseta, il alla chercher de l'eau à la fontaine de la salle à manger, et il replaça dans leur ordre habituel tous les objets qui venaient de servir à sa toilette.

Madame Melville, satisfaite du retour que son fils avait fait sur lui-même, aurait bien voulu corriger aussi la petite Aglaé, et voici ce dont elle s'avisa :

Dans une des rues attenant à l'église Saint-Sulpice, logeait un mécanicien ambulant, le père Janin, natif des montagnes du Morvan, et qui était renommé par la fabrication des horloges en bois auxquelles on adapte un timbre connu sous la dénomination de *réveille-matin*. Ces instruments, montés comme une pendule, ont une sonnerie qui, à une heure fixe, fait un tel bruit, que le sommeil le plus profond est interrompu.

Madame Melville commanda un *réveille-matin* au père

Janin, et lui ordonna de l'apporter et de venir le placer chez elle. Bientôt le père Janin arriva porteur de son horloge en bois. La jeune fille avait déjà vu chez sa nourrice un semblable meuble ; elle comprit sa mère, et suivit dans sa chambre à coucher le mécanicien qui avait reçu l'ordre de poser le carillon près du lit.

Le lendemain, à sept heures, Aglaé était déjà habillée, elle avait fait sa prière, elle s'apprêtait à vaquer aux menus détails de ménage. Madame Melville se mit à sourire ; et depuis ce temps, elle n'eut pas un seul reproche de paresse à adresser à sa fille.

Une année s'écoula, pendant laquelle Eugène et Aglaé s'appliquèrent à profiter des bonnes leçons que leur donnait madame Melville.

Ainsi, Aglaé, ayant appris à faire une sage distribution de son temps, épargnait souvent à sa bonne de petits travaux auxquels elle pouvait se livrer ; elle s'était habituée à mettre de l'ordre partout, à plier et serrer elle-même ses vêtements. On ne voyait rien de dérangé ni de malpropre autour d'elle. Aglaé ne prenait jamais une chose sans la remettre promptement à sa place. Elle avait un soin extrême de ses ajustements ; et si la poussière ou la pluie avait endommagé une robe ou déformé un chapeau, Aglaé savait remédier à cela sans avoir recours à la couturière ou à la marchande de modes.

Madame Melville habituait de bonne heure sa fille à la simplicité dans sa mise ; elle mettait ainsi en pratique les paroles de Fénelon :

« Les véritables grâces ne dépendent point d'une parure vaine et affectée. Il est vrai qu'on peut chercher la propreté, la proportion et la bienséance dans les habits nécessaires pour couvrir son corps ; mais, après tout, ces étoffes qui nous couvrent, et qu'on peut rendre commodes et agréables, ne peuvent jamais être des ornements d'une véritable beauté.

» Je voudrais même faire voir aux jeunes filles la noble

simplicité qui paraît dans les statues et les autres figures qui nous restent des femmes grecques et romaines; elles y verraient combien des cheveux noués négligemment par derrière, et des draperies pleines et flottant à longs plis sont agréables et majestueuses.

» Si peu que leur esprit s'élevât au-dessus de la préoccupation des modes, elles auraient bientôt un grand mépris pour leurs frisures, si éloignées du naturel, et pour les habits d'une forme trop façonnée. Je sais bien qu'il ne faut pas souhaiter qu'elles prennent l'extérieur antique, il y aurait de l'extravagance à le vouloir; mais elles pourraient, sans aucune singularité, prendre le goût de cette simplicité si noble, si gracieuse, et d'ailleurs si convenable aux mœurs chrétiennes.

» Ainsi, se confrontant dans l'extérieur à l'usage présent, elles sauraient au moins ce qu'il faudrait penser de cet usage; elles satisferaient à la mode comme à une servitude fâcheuse, et elles ne lui donneraient que ce qu'elles ne pourraient lui refuser.

» La mode serait raisonnable si elle ne changeait que pour ne plus changer, après avoir trouvé la perfection pour la commodité et pour la bonne grâce; mais changer pour changer sans cesse, n'est-ce pas chercher plutôt l'inconstance et le dérèglement que la véritable politesse et le bon goût? »

Aglaé était devenue aussi une habile ouvrière : elle se distinguait dans le travail à l'aiguille; sa mère l'instruisait des choses les plus simples, parce qu'elles sont les plus utiles dans le ménage; elle la faisait travailler pour les pauvres, et relevait ainsi à ses yeux le mérite des plus humbles ouvrages, en y intéressant son cœur et sa charité.

La mère de famille savait qu'il vient un temps où les plaisirs qui suivent la jeunesse s'éclipsent et ne laissent après eux que le vide, si dans les premières années on n'a pas appris à les remplacer par des jouissances peut-être plus douces encore que celles du printemps.

A cet effet, elle enseignait l'art d'acquérir dans les livres des connaissances agréables, étendues et variées. « Ne lisez point, disait-elle, par curiosité, mais par un désir d'apprendre ; ne lisez pas un grand nombre de livres, mais seulement quelques-uns bien choisis, qui vous fassent chérir la vertu en vous transmettant les principes de la morale, ou en vous mettant sous les yeux les actions honnêtes qui ont mérité à leurs auteurs l'estime ou l'admiration. Lisez peu à la fois, mais posément et attentivement; lisez souvent. Ne vous contentez pas de lire un bon ouvrage une fois ; car si vous ne lisez que pour former votre cœur ou votre intelligence, vous trouverez que la seconde lecture vous sera plus utile que la première. »

Un jour, Charlot, le domestique, annonça un vieillard accompagné d'un enfant ; il demandait à parler à madame Melville. C'était le père Janin. Aglaé courut vers lui. « Madame, dit le père Janin, permettez-moi une petite visite intéressée. Je commence à devenir vieux, mes yeux se refusent au travail, je ne puis plus faire de mécanique ; cependant, j'ai besoin d'un réveille-matin, et je suis venu vous demander si vous voulez me revendre le vôtre, dans le cas où il ne vous serait plus utile.

— Il y a longtemps qu'il ne sert plus, dit madame Melville en regardant sa fille.

— Maman, vous pourriez même dire qu'il n'a jamais servi.

— Jamais ? dit madame Melville étonnée.

— Non, maman, il y a un an, quand le père Janin est venu poser le réveille-matin, je suis entrée seule avec lui dans ma chambre, et j'ai obtenu qu'il ne montât pas la sonnerie, en lui promettant de me lever tous les jours avant sept heures. J'ai tenu parole ; et quand on me croyait réveillée par le bruit, je l'étais seulement par le désir de me corriger et de faire plaisir à ma mère.

Madame Melville embrassa Aglaé.

« Tu entends, petit Pierre, dit le vieillard au jeune enfant qui l'accompagnait ; je vais remporter l'instrument, et demain matin, à cinq heures, je le ferai carillonner à tes oreilles pour t'empêcher de continuer la profession de marmotte, à laquelle tu as l'air de prendre goût. »

Aglaé embrassa l'enfant, et demanda au marchand s'il était son fils.

« C'est mon neveu, mademoiselle ; mais ne le caressez pas ; il est paresseux... comme... » Et le marchand hésita.

« Comme je l'étais, n'est-ce pas, monsieur Janin ? Aglaé sourit et ajouta : « Il se corrigera comme moi. »

— « Oh ! ce n'est pas l'embarras, ajouta le marchand de pendules, moi aussi j'étais comme lui, j'ai été un fameux paresseux jusqu'à neuf années et demie. A la montagne, on m'appelait André le dormeur : je dormais en marchant, je dormais en travaillant. Un jour, le curé de mon village m'avait chargé de porter une lettre à la ville, je l'avais mise dans ma poche. Au bout de trois mois, monsieur le curé n'ayant pas de réponse, me donna une seconde lettre, et il resta encore trois mois sans avoir de nouvelles. Un jour, il s'avisa de me fouiller, il trouva ses deux lettres. Il perdit un procès à cause de ma paresse ; c'était elle qui m'avait empêché de faire ma commission.

» Quand on m'attendait quelque part, j'étais toujours sûr d'arriver après tout le monde. Je ne saluais jamais personne, je n'avais pas la force d'ôter ma casquette. Une fois, le feu prit à notre chaumière, j'étais seul, et, au lieu d'aller chercher du secours, je la laissai brûler.

Un riche voyageur me montra un autre jour une caisse pleine de monnaies d'argent, et il me dit : « André, si tu comptes les pièces cinq fois, elles sont à toi. J'avais à peine commencé que je sentis le sommeil me gagner, et je renonçai à sa récompense. Ainsi, la paresse me fit tour à tour passer pour grossier, pour méchant et pour imbécile. Je n'étais rien de tout cela. Par bonheur, un de mes cousins, qui habitait la montagne, m'emmena avec lui ; il fabriquait des réveille-matin, et pendant deux ans, nuit et jour, j'entendis le bruit des carillons ; ça me guérit de l'habitude de dormir. Je cessai d'être paresseux ; et, par reconnaissance, je me suis mis à confectionner à mon compte, des instruments pareils à ceux qui ont opéré ma guérison. »

Le père Janin emporta son horloge. Et à la place où le vieux montagnard l'avait posée, madame Melville fit mettre un riche crucifix, dont la base était un bénitier délicatement sculpté dans un marbre blanc, et le matin, à l'heure où la famille s'éveillait, Aglaé, toujours la première levée, venait s'agenouiller et remercier Dieu de lui avoir donné le désir et la force de se corriger.

Quelques années révolues, Eugène, qui était devenu un élève distingué d'un des colléges de Paris, ouvrit un livre pendant ses vacances, et s'écria : « Ma sœur, je viens de voir ton portrait. » Et il lut ces lignes tracées par madame Campan dans un ouvrage qu'elle écrivit pour les jeunes filles de la maison d'Ecouen.

« Je connais une jeune fille qui sait tout ce qui compose une éducation solide et étendue, est de la plus grande force sur le piano, qui peint à l'huile la tête et le paysage d'après nature. Elle unit à ces talents la plus grande adresse dans tous les ouvrages de son sexe, depuis la simple couture jusqu'à l'art des fleurs artificielles ; et cependant cette réunion de talents divers nuit si peu à son goût pour les modestes occupations du ménage, que l'été, à la campagne, les fromages, les compotes, les pâtisseries faciles sont toujours de sa façon ; elle visite les pauvres du village, les secourt et les fait soigner dans leurs maladies. Le soir, elle anime les réunions du salon par des lectures faites avec le rare talent de bien lire, en chantant avec goût des romances, ou bien en faisant danser ses jeunes amies au son du piano. Une piété sincère, une modestie charmante sont les solides bases de tant d'avantages dus à la plus vertueuse des mères. Cette aimable fille en jouit comme d'une parure qu'elle lui aurait donnée, et ne permettrait jamais qu'un seul compliment sur ses talents ou ses qualités fût adressé à d'autres qu'à celle de qui elle les tient.

CONTE II.

—

LE DINER CHEZ LA GRAND'MAMAN.

Dans les premiers jours du mois de mai 1859, le soleil venait d'éclairer de ses premiers rayons l'élégante habitation que madame Renneville, veuve d'un officier général, occupait au joli village de Bellevue, près Paris ; le ciel bleu était bordé à l'orient d'une longue ceinture d'or étincelante, la douce clarté du matin se répandait sur les flots de la Seine, les oiseaux gazouillaient, les fleurs jetaient dans l'espace de suaves parfums.

Madame Renneville, plus matinale que de coutume, regardait avec émotion ce spectacle. « La nature, disait-elle, prend part à la fête qui se prépare pour le soixantième anniversaire de ma naissance.

» Mes enfants et mes petits-enfants auront beau temps, » répétait avec joie la grand'maman, et comme si elle eut retrouvé l'agilité de ses jeunes années, elle allait et venait de son appartement à la cuisine, donnait des ordres, veillait aux apprêts du dîner de famille.

A Paris, on faisait aussi, dès le point du jour, des préparatifs de voyage. M. Durieu, gendre de madame Renneville, se disposait à se rendre à Bellevue avec sa femme, son fils Lucien et sa fille Maria. Cette caravane de famille, à laquelle s'était joints Charles, Adolphe et Amélie Bourjoli, neveux et nièce de M. Renneville, partit joyeusement, et, grâce à la rapidité du trajet par le chemin de fer, on découvrit bientôt l'habitation de la grand'maman.

Quelques moments avant l'arrivée de la famille Durieu, il s'était passé un incident dont nous devons donner connaissance à nos jeunes lecteurs, parcequ'il servira d'esquisse au portrait du principal personnage que nous allons bientôt mettre en scène.

Madame Renneville, que nous nommerons la grand'maman, était occupée à l'office, quand elle s'entendit appeler fortement et avec impatience au-dehors; c'était Lolo Bourjoli, un des petits-fils de la grand'maman. Son père, ancien militaire, habitait Saint-Germain et était en ce moment en voyage.

« Marguerite, dit madame Renneville à sa domestique, allez ouvrir, je crois reconnaître la voix de Lolo.

— Madame est bien bonne de dire qu'elle reconnaît sa voix; je crois qu'il nous siffle... » Et elle ajouta plus bas : « Si cet enfant était le mien... » Elle accompagna sa phrase d'un geste de menace sur lequel la bonne grand'maman allait la reprendre, quand le bruit d'un carreau brisé par un projectile lui coupa la parole.

« Ah ! j'étais bien sûr que de cette manière on m'entendrait, » dit Lolo en entrant; car c'était lui qui avait lancé une pierre contre les vitres.

« Est-ce ainsi, dit madame Renneville, que ton père t'a appris à t'annoncer ?

— Mon père est en voyage, bonne maman; il ne reviendra que dans un mois, et il m'a laissé en garde, comme il fait toujours, chez ma nourrice ; c'est pour cela vous le savez bien qu'on m'appelle Lolo. »

La grand'maman soupira.

« Laisser un marmot en nourrice jusqu'à douze ans, si ce n'est pas une horreur ! » murmura la vielle Marguerite ; et elle ajouta :

« Et vous n'avez pas apporté un bouquet à votre grand'maman ?

— Non, dit Lolo, regardant Marguerite avec étonnement : grand'maman a dit l'autrefois que notre présence lui faisait plus de plaisir que nos fleurs. »

Les voix nombreuses qui se firent entendre à ce moment près de la grille du jardin coupèrent court aux tristes réflexions que la réponse de Lolo inspirait à madame Renneville. Bientôt la grand'maman fut entourée de ses enfants et de ses petits-enfants ; chaque bouquet offert fut accepté avec joie et accompagné de tendres embrassements. Charles, Adolphe, Lucien, Maria et Amélie firent fête à leur cousin Lolo, qu'ils n'avaient pas vu depuis longtemps.

Liberté entière fut donnée aux enfants, et bientôt entre eux les jeux commencèrent. L'accord régna parmi les joueurs pendant quelques moments, mais ensuite des plaintes s'élevèrent sur les manières rudes de Lolo. S'il attrapait un de ses camarades à la course, il marquait sa victoire par un violent coup frappé sur l'épaule de celui qu'il avait poursuivi. S'il avait le désavantage, il manifestait de la mauvaise humeur, à tel point que Lucien Renneville déserta plusieurs fois la partie ; mais alors intervenait M. Renneville, qui ne quittait pas les enfants du regard ; il savait que le jeu même peut être un enseignement dont un père intelligent doit tirer parti ; et il disait à son fils que les gens bien élevés pardonnent aux autres les impatiences et ne doivent pas en avoir. Quand on se trouve engagé à un jeu quelconque avec un joueur qui ne sait pas perdre, il faut ménager sa susceptibilité, rester calme devant son emportement et même faire tourner, si on le peut, l'avantage à son profit, afin de lui rendre sa bonne humeur.

« Mais, mon papa, avait dit Lucien pour se justifier, Lolo triche.

Civilité.   2

— C'est une accusation grave que vous portez là, Lucien, avait répondu M. Durieu. Quand on reproche à quelqu'un sa mauvaise foi, il faut bien prendre garde qu'il n'ait le droit de vous reprocher une erreur. »

La cloche annonça le dîner, et tous les convives se dirigèrent vers la salle à manger, à l'exception d'Amélie Bourjoli, que M. Durieu chercha vainement; il l'appela à plusieurs reprises, elle ne répondit point ; enfin, Adolphe, un de ses frères, la montra à son oncle, assise, un livre à la main, à l'écart sur un banc ombragé de lilas.

« Mon oncle t'a appelée, ma sœur.

— Je n'ai pas entendu, répondit la jeune fille, j'étais tout entière à la lecture de ce petit livre, que grand'maman m'a donné.

— Ah ! mon Dieu ! » fit Amélie en jetant un cri. Elle venait d'être effrayée par l'apparition soudaine de M. Durieu, qui s'était fait un passage à travers le feuillage du bosquet auquel la jeune fille tournait le dos.

« Allons, mes enfants, à table ! » avait dit la grand'maman.

A ce mot, Lolo avait franchi d'un bond les huit marches du péristyle de la salle à manger, et, avisant une place devant laquelle se trouvaient des hors-d'œuvre appétissants, il s'était assis le premier.

« Lolo, dit M. Durieu, modère je te prie, ton impatience ; on doit attendre, pour s'asseoir à table, que les personnes âgées, et surtout les maîtres de la maison aient pris place.

— Mon bon ami, dit la grand'maman, ce n'est pas là ton couvert. Comme nous sommes ici en famille, je n'ai pas pris soin de mettre le nom de chacun sur une carte, comme c'est d'usage dans le monde, mais je me suis réservée de placer chacun à ma volonté. » Et madame Renneville indiqua à Lolo un siège à l'extrémité de la table.

Lolo qui aimait beaucoup les cornichons, quitta avec peine le voisinage d'un plateau qu'il avait convoité. Pour gagner sa place, il dérangea toutes les chaises, et, arrivé à l'endroit désigné, il cria à un de ses cousins : « Julien veux-tu changer avec moi ? » M. Durieu fit observer à Lolo que c'était commettre une impolitesse, et qu'on doit conserver la place que la maîtresse de la maison vous assigne.

Lolo s'assit, et, prenant sa fourchette de la main droite et sa cuiller de la main gauche, il commença à battre son assiette comme s'il eut frappé sur un tambour, puis il se mit à manger le potage en conservant sa fourchette ; et lorsqu'il n'y eut plus que du bouillon dans son assiette, il quitta la cuiller et la fourchette, éleva avec ses mains l'assiette à sa bouche et se mit à humer le bouillon en faisant un bruit semblable au clapotement produit par la langue des petits chiens quand ils se désaltèrent.

M. Durieu allait adresser une réprimande à son neveu ; la grand'maman lui dit : « Mon ami, laisse-le faire ; il est incorrigible. »

Lolo sembla remercier madame Renneville de le délivrer des reprimandes ; il ne comprit pas que sa parole était le plus dûr reproche qu'il pût recevoir.

M. Durieu essaya vainement de faire quelque application plus ou moins directe à Lolo, qui mangeait avec une avidité répréhensible ; il parla des avantages de la tempérance, vertu qui apprend à user modérément du boire et du manger, et à éviter tout excès dans l'usage des aliments ; il en fit remarquer les principaux avantages. « La tempérance, dit-il, préserve l'esprit et le cœur des vices et de l'engourdissement dans lesquels la gourmandise peut les entraîner ; elle conserve la santé, qui ne se soutient jamais mieux que par la frugalité. »

On ne doit boire ni manger que pour vivre, et non pour satisfaire un plaisir, car ce plaisir conduit à des excès qui souillent l'âme et ruinent le corps. Comme règle d'hygiène, M. Durieu prescrivait de ne manger et de ne boire qu'à des heures fixes et réglées, et de sortir toujours de table sans avoir complètement satisfait son appétit.

Le soin de mettre entre les repas des intervalles suffisants et réguliers, la simplicité des mets, celle des boissons, sont des moyens efficaces de conserver l'appétit.

Lolo, qui n'avait prêté aucune attention aux paroles de son oncle, continua à donner un libre cours à ses caprices et à ses écarts.

Il versa du vin dans son verre jusqu'au bord, et quand il voulut boire, il tacha la nappe. Il ne portait jamais son pain à la bouche qu'au bout de la lame de son couteau, et il fit un geste brusque qui lança une croûte au visage d'une de ses jeunes cousines, dont l'œil devint rouge.

Dans un intervalle de service il se mettait à chanter ou bien il se balançait sur son siége, se penchait sur ses voisins, coupait la parole à sa grand'maman, à son oncle, ou causait avec le domestique. C'était un spectacle triste à voir que la tenue de cet enfant, comparée au ton parfait des autres jeunes convives. On aurait eu qu'à les féliciter. S'il arrivait qu'un d'eux fît une faute contre les usages, un regard du père ou de la maman les en avertissa à l'instant.

Lucien remerciait avec grâce quand sa bonne maman lui offrait quelque chose. Maria, qui savait qu'on doit toujours garder pour soi ce que la dame de la maison vous offre, ne s'exposait pas, en faisant passer l'assiette à son voisin, à faire une impolitesse et peut-être une maladresse, Charles savait qu'on ne doit jamais se permettre de réflexion sur la qualité des mets. Si, par hasard, il trouvait une mouche, ou un petit insecte, ou quelque autre objet tombé dans un plat, il n'appelait pas l'attention de toute la table sur cet accident; Adolphe n'ignorait pas qu'il ne faut manger avec les doigts que les choses qui ne laissent après elle aucune partie liquide, tels que les radis, les artichauds et quelques mets de dessert.

Il arriva cependant un petit incident qui fit diversion aux maladresses et aux impolitesses du cousin Lolo.

Amélie la plus jeune des convives, celle qui s'était isolée avant le dîner pour se livrer à la lecture, paraissait peu disposée à se mettre à table, et quand elle y fut elle refusa presque tout ce que sa grand'maman lui offrait.

Les parents s'inquiétèrent. On demanda si elle avait mangé avant le repas.

« Oh ! non, dit la jeune fille en souriant... » Et elle ajouta avec une expression étrange de physionomie « Je ne mange pas si souvent... c'est commun de manger... » M. Durieu regarda sa nièce ; plusieurs fois déjà il avait remarqué qu'elle avait une tendance à se singulariser... Lolo, qui avait bon appétit, s'écria : « Elle veut se faire remarquer... — C'est en mangeant comme toi, en paysan, qu'on se fait remarquer,» dit la jeune fille piquée par son cousin. M. Durieu appela Amélie près de lui et lui dit : « Ma nièce, je désire que tu manges, parce que je suis certain que tu as faim. — Non, mon oncle, je n'ai pas appétit, je vous assure, dit Amélie. — Si tu ne m'obéis pas continua M. Durieu à voix basse, je vais dire à tes frères et cousins que tu lisais avant le dîner à l'écart... — Mais il n'y a pas de mal... — Sans doute, ajouta encore à voix basse M. Durieu, si tu lisais pour t'instruire, mais c'était seulement pour qu'on fît attention à toi. — A moi ! mon oncle. — La preuve, c'est que tu tenais ton livre à rebours quand je t'ai surprise. » Amélie vint reprendre sa place en rougissant, et l'appétit sembla lui être revenu subitement. Le petit sermon de M. Durieu avait produit son effet.

Lolo était loin d'avoir terminé le cours de son infraction aux convenances ; à peine la petite Amélie avait-elle réparé, par sa soumission, le mouvement d'orgueil qui s'était manifesté en elle, qu'on vit Lolo se dresser sur les bâtons de sa chaise, incliner son corps sur la table pour saisir un fruit avant qu'un de ses cousins le prit dans l'assiette qu'on lui présentait : il perdit l'équilibre, voulut se rattraper à une bouteille qu'il renversa et qui brisa plusieurs verres, dont le vin se répandit à grands flots sur toutes les robes. Un cri général s'éleva Lolo effrayé de sa maladresse, se redressa pour se remettre sur son siége ; mais son mouvement fut si brusque, qu'il entraîna la chaise en arrière et qu'il fit une lourde chute. Le petit gourmand en fut quitte pour une forte contusion à la tête ; heureusement, le couteau qu'il tenait lui était échappé, car il eût pu causer une blessure mortelle.

Le reste de la journée se ressentit de l'émotion que la chute de Lolo avait produite. Après le dîner, les enfants reprirent leurs jeux avec peu d'entraînement.

La grand'maman désira entendre la voix de Maria, et Amélie se mit au piano et accompagna sa cousine. Après plusieurs morceaux, la voix de Lolo se mêla d'une façon étrange à celle de sa cousine ; un long bâillement fortement accentué, indiqua le peu de charme qu'il prenait à ce concert de famille. Il regarda la pendule, qui marquait neuf heures, il étendit les bras, et se serait infailliblement endormi, si la grand'maman n'eût pas dit « : Allons, mes enfants, il faut nous séparer. »

Lucien, Charles et Adolphe s'empressèrent à chercher les châles et chapeaux de madame Durieu, de Maria et d'Amélie ; Lolo resta sur sa chaise, et quand une de ses jeunes cousines lui demanda ses gants qu'elle lui avait confiés, il fouilla, à moitié endormi, dans ses poches, et retira sa main souillée de fruits et de gâteaux dont il avait fait provision au dessert, et sur lesquels il s'était assis de manière à faire une marmelade liquide.

Un rire général s'éleva. Lolo fut plus confus de sa mésaventure que de tous les torts qu'il avait eus dans cette journée. Il cherchait son chapeau pour aller retrouver au village le voiturier qui devait le reconduire à Saint-Germain ; mais la grand'maman ordonna que le voiturier partît seul. Elle le fit venir et lui dit : « Vous direz à la nourrice de Lolo que je le garde et que je le remettrai à son père quand il sera de retour. »

La grand'maman comprit qu'elle avait un devoir à remplir celui de refaire cette éducation manquée. Malgré son grand âge, elle ne recula pas devant la difficulté.

En embrassant ses enfants et ses petits-enfants, madame Renneville leur dit : « La grand'maman se fait maîtresse d'école, et elle vous donne rendez-vous au premier jour de l'an pour vous présenter son élève. »

A l'époque indiquée, la famille fut exacte à l'appel. La première personne qui reçut les visiteurs fut Lolo, il avait repris le nom de Jules ; il fit les honneurs de la maison avec une grâce charmante, un tact exquis. Plusieurs fois il reprit avec douceur un de ses cousins qui s'écartait d'une règle de convenance ou d'étiquette. A table, il fut le premier à rappeler ses fautes passées pour faire rayonner sur la grand'maman la reconnaissance qu'il lui devait.

Il y avait à cette réunion un convive de plus : c'était le père de Jules, le capitaine Bourjoli, qui ne cessait de s'étonner du changement qu'il avait retrouvé en son fils.

Le surnom de *la maîtresse d'école* resta à la grand'maman ; et en grandissant, Lolo, ou plutôt Jules Bourjoli, se montra de plus en plus son digne élève.

CONTE III.

—

LA PROMENADE ET LES EMPLETTES.

Par une froide journée de février, M. Dorsay, ancien officier en retraite, se livrait à sa promenade habituelle sur les boulevards ; il avait emmené Léon, son fils.

Madame Dorsay avait profité de l'absence de son mari pour aller faire quelques emplettes avec sa fille, âgée de dix ans. Le père et la mère obéissaient à la même pensée en conduisant leurs enfants séparément à travers les rues de la capitale ; chacun d'eux était dans l'intention de faire un cours de civilité pratique dont les leçons devaient ressortir des divers incidents imprévus.

Ainsi, M. Dorsay se préoccupait constamment du maintien et de la tenue de Léon ; il surveillait le jeune homme dans ses mouvements, comme l'eût fait un instructeur chargé de former un conscrit. Il lui répétait que le port du corps doit être incessamment sans affectation, ferme sans contrainte, droit sans aucun indice d'orgueil, la marche assurée sans roideur ;

La Promenade et les Emplettes.

et il lui signalait comme défaut à éviter le ridicule des promeneurs qui prennent des attitudes forcées ou inconvenantes, font des mouvements continuels de tête, ou bien accompagnent leur conversation de gestes qui menacent ou atteignent les passants.

M. Dorsay apercevait-il un de ces petits-maîtres qui sautillent en marchant, ou bien un de ces étourdis qui heurtent, coudoient les dames, s'accrochent aux vêtements des passants, il le désignait à son fils et blâmait cet oubli des usages.

Souvent il avait occasion de lui montrer un jeune homme qui disputait le passage d'un vieillard, au lieu de se ranger respectueusement à sa rencontre.

D'autres fois il lui signalait un promeneur qui, au lieu de céder à une dame le haut du pavé, gardait cette position pour lui, et exposait sa mère et sa sœur au contact des voitures, au lieu de prendre la place la plus dangereuse et de protéger ainsi les dames.

Souvent aussi des groupes se formaient au milieu de la voie publique par la halte de deux causeurs, qui interceptaient ainsi la circulation.

Des jeunes gens fumaient sans façon dans la rue, enveloppant les passants d'un nuage de vapeur dont le parfum n'est pas au goût de tout le monde.

Chacune de ces atteintes aux convenances donnait matière aux réflexions de M. Dorsay, et chaque jour il voyait son fils se former aux bonnes manières et aux règles de la civilité.

Jamais il ne se serait permis de manger dans la rue; il aurait rougi de se laisser accuser de gourmandise.

Quand le temps était mauvais et qu'il sortait, il prenait garde d'embarrasser ou de blesser personne avec son parapluie.

S'il retrouvait un de ses camarades sur la voie publique, il se gardait de lui demander, en criant, de ses nouvelles et d'entamer avec lui une conversation que tout le monde aurait entendue; il allait vers son camarade, causait avec lui sans élever la voix, et, tout en marchant, se gardait d'éclats de rire et de plaisanteries dont les passants auraient pu se formaliser.

Si Léon rencontrait à la promenade une jeune personne avec sa mère, il obéissait aux lois du savoir-vivre en présentant son bras à la personne la plus âgée ; une seule circonstance aurait justifié sa préférence pour la demoiselle : c'était le cas où la jeune personne eût été malade ou infirme.

Toutes les fois qu'un étranger ou une personne ignorant les localités avait recours à lui pour demander l'indication d'une rue, le jeune homme mettait à sa réponse toute la clarté et l'empressement possibles.

Un jour, une paysanne s'adressa à un ouvrier qui sortait d'un cabaret, et, lui tendant un papier sur lequel une adresse qu'elle ne pouvait pas lire était écrite, elle lui demanda de vouloir bien lui indiquer son chemin. Celui-ci, voulant mystifier la paysanne, lui donna un faux renseignement qui pouvait la faire marcher longtemps, en l'éloignant de sa destination. Léon avait entendu la demande de la campagnarde et la réponse de l'ouvrier ; il s'approcha, et, regardant sévèrement le mauvais plaisant, il lui reprocha son action et donna à la pauvre femme une indication positive pour trouver la rue qu'elle cherchait.

M. Dorsay était présent ; il tendit affectueusement la main à son fils : « C'est bien, Léon, ce que tu as fait là ; mon ami, tu as compris que c'était mal d'égarer cette femme et de lui causer de la fatigue ; ton action me rappelle un trait qui, à une époque éloignée, m'a été bien secourable.

» A l'époque des guerres de l'Empire, j'étais simple soldat alors, le bataillon dont je faisais partie étant dans un petit bourg des Pyrénées, et on venait de nous délivrer nos billets de logement. Comme la localité contenait peu d'habitants, on me donna domicile dans un hameau éloigné, situé au milieu des montagnes. Un de mes camarades et moi nous mîmes en route pour notre destination ; je voulus prendre un chemin de traverse que je crus plus direct, et je m'égarai. A plusieurs reprises, j'appelai mon frère d'armes ; mais l'éloignement l'empêcha de m'entendre. Je marchai tout le jour à travers des rochers ; enfin, vers le soir, je découvris une hutte :

c'était l'habitation d'un pauvre vieillard. Il était couché sur un lit de feuilles sèches, ses traits amaigris et la tristesse d'un jeune pâtre assis près de lui attestaient la gravité de sa maladie. Je demandai mon chemin au petit montagnard... Quand j'eus prononcé le nom du hameau que je cherchais le malade secoua la tête, comme s'il eût douté que je puisse arriver à mon but avant qu'il mourût.

» Etienne, dit-il, tu vas conduire monsieur le militaire, il y a pour cinq bonnes heures de chemin.

» Je voulus refuser, en demandant qu'on m'indiquât seulement la route.

» Vous ne pourriez pas trouver, dit le moribond, et il faut espérer que le bon Dieu ne m'appellera pas avant qu'Etienne soit de retour. Mais dépêchez-vous, monsieur le militaire.

» Je pris congé du malade. Le petit pâtre courut devant moi ; je hâtais le pas le plus possible pour abréger son absence ; et après quelques heures de marche j'arrivai à mon gîte, où je retrouvai mon camarade, qui depuis longtemps était arrivé.

» Après cinq années de combats, pendant lesquelles je passais du Nord au Midi, puis du Midi au Nord ; après avoir quitté l'Espagne pour la Russie, je revins de la Russie en Espagne, et la dernière fois que je franchis les Pyrénées, j'avais l'épaulette de colonel et je revenais en France. Je n'étais plus alors le pauvre fantassin voyageant à pied ; j'avais une calèche conduite par des mules. A l'époque où je fis le voyage, les chemins étaient praticables, et j'éprouvais le désir de revoir la cabane de mon guide. Je la retrouvai ; et ma surprise fut égale à ma joie quand j'aperçus le vieillard, si malade jadis, rendu à la santé et sur le point de quitter sa chaumière pour rejoindre son fils. Etienne avait été appelé à Paris par un de ses cousins, qui était marchand de marrons, et il était parti quand il avait vu son vieux père hors de danger.

» Quelque temps après, j'étais de retour à Paris. C'était dans les premières années de mon mariage. Je venais de faire présent à ta mère d'une jolie calèche et de deux excellents chevaux ; un jour ma femme sortit pour faire des visites, et se dirigea vers le Palais-Royal, qui était alors en grande vogue, et, suivant son habitude, elle recommanda au cocher d'être prudent et d'aller au pas plutôt que d'exposer les piétons.

» Malgré toutes les précautions, un pauvre vieillard fut renversé sous les pieds des chevaux; ta mère jeta un cri, s'élança hors de la voiture, prodigua les soins les plus empressés à la victime, qui avait reçu de fortes contusions. Elle la fit placer dans sa calèche ; et le peuple, voyant la profonde affliction de ma femme et son empressement à réparer un malheur involontaire, battit des mains.

» Le soir même je me rendis sur le lieu de l'accident ; je demandai aux voisins la demeure du fils du blessé, qui, absent au moment de l'événement, ignorait où était son père.

» On m'indiqua une modeste boutique, dont tout l'ameublement se composait d'une poêle et d'un fourneau ardent. « Monsieur veut-il des marrons? me dit un jeune provincial de quinze à seize ans.

» — Volontiers, mon ami, à condition que tu me les apporteras.

« Le marchand est bientôt à ma disposition ; il m'accompagne : ma demeure est éloignée. Je le guide à travers les rues ; il commence à trouver la course un peu longue, et il me dit avec un accent catalan :

» Je crois que monsieur a voulu se moquer de moi. — Mon ami, lui-dis-je, il y a des courses plus longues encore. Par exemple, dans tes montagnes, on marche quelquefois quatre heures avant de trouver un gîte, et tu as peut-être conduit des gens qui n'ont pas eu à ton égard la méfiance que tu as ici. — C'est vrai, dit le marchand, que le lecteur a déjà reconnu pour le pâtre des Pyrénées. Et il me regardait avec un sentiment de curiosité. Quand nous arrivâmes à mon domicile, je montai à la hâte l'escalier ; je pénétrai dans le salon ; Etienne me suivait, portant ses marrons dans son tablier.

» Quelle fut sa surprise, sa joie, quand il reconnut, assis près du foyer, son vieux père.

» Etienne ne fut plus maître de son émotion : tous ses marrons roulèrent au milieu de l'appartement.

« Tu n'as donc pas connu le père du chevrier ? dit le colonel à son fils. Après quelques années d'une douce existence, il a cessé de vivre, et Etienne, son fils, dont le commerce s'est étendu, est maintenant un riche commerçant chez lequel tu as plus d'une fois passé des soirées : il se nomme Etienne Morand. »

Quand Léon fut de retour à la maison paternelle, il se hâta de raconter à sa sœur l'anecdote qu'il venait d'entendre ; et quand il eut fini, il demanda compte à Aglaé de l'emploi de sa journée.

Aglaé donna à son frère les détails des courses qu'elle avait faites avec sa mère : elle avait visité un grand nombre de magasins, et dans chaque boutique, madame Dorsay avait fait remarquer à sa fille les règles de bienséance à observer.

« Maman, dit Aglaé, a toujours la parole douce quand elle parle à un marchand ; jamais il ne lui arrive de faire des observations impolies sur la qualité ou la valeur de ses marchandises ; elle débat le prix, mais avec affabilité : elle est bien différente de ces dames qui parlent avec hauteur et dédain, ne trouvant rien à leur goût, et se croyant le droit d'offenser quelqu'un, parce qu'elles donnent de l'argent en échange d'objets de commerce. »

Aglaé raconta qu'un honnête marchand de nouveautés, un moment avant l'entrée de madame Dorsay, avait été le jouet de deux petits mauvais sujets. Ils s'étaient présentés de la part de leur mère, et avaient demandé à choisir pour elle des bonnets.

Le commerçant montra des bonnets du meilleur goût. « C'est un peu grand, » dit un des enfants. Le marchand alla chercher dans le fond de sa boutique des bonnets moins larges. « Trop grands encore, » dit le second acheteur.

En vain les proportions diminuèrent-elles, les enfants répétaient avec sang-froid : « Trop grands, trop grands. »

« Ce sont donc des bonnets d'enfants que veut madame

votre mère? » dit le marchand ; et il montra des bonnets de plusieurs dimensions. « Encore trop grands, dirent les jeunes gens. — Alors, c'est pour une poupée? dit le marchand avec un peu de dépit. — Oui, monsieur, répondirent les mauvais plaisants, qui s'enfuirent en riant aux éclats et échappant à la poursuite du commerçant. »

Le propriétaire du magasin raconta l'anecdote à madame Dorsay, en se plaignant de quelques-uns des désagréments de sa profession, parmi lesquels il plaçait l'impolitesse de certaines acheteuses et l'esclavage que quelques autres imposent au marchand. « Il sort d'ici une dame, dit-il, qui m'a payé deux paires de gants, et qui, au lieu de s'en charger, exige impérieusement qu'un commis les porte à son domicile. D'autres ne craignent pas de me déplacer dix fois, sous prétexte que je me présente pour le payement à des moments que le débiteur ne trouve jamais opportuns. »

Madame Dorsay prit occasion de faire remarquer à sa fille les défauts que donne une mauvaise éducation ; elle l'engage à se familiariser avec les manières gracieuses qui sont l'ornement des personnes qui les possèdent et la source de l'estime et de l'affection que les femmes doivent chercher à mériter.

Le nid de Ramoneurs.

CONTE IV.

—

LE NID DE RAMONEURS.

La morale chrétienne ordonne de pratiquer la bienfaisance, et la civilité commande de la pratiquer avec grâce, délicatesse et intelligence.

La manière de donner vaut mieux que ce qu'on donne.

C'est le grand Corneille qui l'a écrit ; et Fléchier, un des plus éloquents prédicateurs du règne de Louis XIV, a dit : *La compassion qui accompagne l'aumône est un don plus grand que l'aumône.*

« Chacun cherche à s'exempter de faire l'aumône, s'écriait un illustre orateur chrétien, qui vivait à la même époque que Fléchier, chacun cherche à s'exempter de faire l'aumône, sous prétexte qu'il n'a pas de superflu. Mais le superflu, c'est ce que l'on donne tous les jours à des plaisirs mondains : renoncez à l'idole que vous adorez, et vous aurez du superflu. Le superflu, c'est ce que vous prodiguez en mille ajustements frivoles ; retranchez une partie de ces vanités, vous aurez du superflu. Le superflu, c'est ce que vous ne craignez pas de risquer au jeu qui ne vous divertit pas, mais qui vous passionne et vous ruine : sacrifiez ce jeu, et vous aurez du superflu. Quoi donc ! vous aurez de quoi fournir à tout ce que demandent vos passions et vos goûts déréglés[*], vous aurez du superflu pour tout ce qui vous plaît, et vous n'en aurez pas pour les pauvres ! Faites l'aumône dans le temps où elle peut être utile pour le salut, sans attendre après la mort. Est-ce bien témoigner à Dieu votre amour, que de lui faire part de vos biens, quand vous n'êtes plus en état de les posséder ? Quand la mort vous les arrache par violence, quand ils ne sont plus proprement à vous, on a beau dire : Cet homme a beaucoup donné en mourant, je dis qu'il n'a rien donné, mais il a laissé : et quoi ? ce qu'il ne pouvait retenir, et parce qu'il ne pouvait le retenir, il l'a gardé jusqu'au dernier moment. S'il eût pu l'emporter avec lui, ni Dieu ni les pauvres n'auraient rien eu à prétendre. »

C'est une connaissance à acquérir que celle qui règle la manière de faire le bien. Cette étude doit être celle de presque tout le monde ; car il faut être réduit au dernier degré de la pauvreté, pour être dispensé de pratiquer la bienfaisance.

Il faut en répandant ses dons, savoir cacher sa main généreuse, n'avoir que sa vertu pour témoin, et ne point s'inquiéter de la reconnaissance.

Un bienfait qui se fait attendre ressemble aux fruits qu'on offre longtemps après leur maturité, et qui, pour cela, n'ont plus de goût.

Il faut se garder d'obliger par orgueil ou de donner un objet par le motif qu'on ne désire pas le garder pour soi-même.

Un bienfait n'a pas de prix si le cœur n'est pour rien dans l'offrande, et s'il n'est que le résultat de la prodigalité. Une vieille maxime est celle-ci : « Qui fait du bien sans raison, peut faire du mal sans sujet. »

Les historiens ont légué à la postérité les traits de sublime charité accomplis par les rois et les princes des premiers temps de la monarchie française.

La reine de France, Jeanne de Navarre, femme de Philip pe le-Bel, se faisait remarquer par la généreuse protection qu'elle accordait aux malheureux ; elle consacra des sommes immenses à la construction d'hôpitaux.

Sainte Radegonde, épouse de Clotaire, roi de la première race, donnait elle-même à manger avec une cuiller aux pauvres infirmes qui ne pouvaient pas se servir de leurs mains. Claude de France, femme de François Ier, s'occupait, avec les dames de sa cour, à filer et à coudre pour vêtir les pauvres.

Il faut se garder en faisant le bien, d'agir par un sentiment d'égoïsme, qui souvent sert de mobile à un acte généreux. Il y a des personnes dont l'orgueil serait froissé si elles voyaient un obligé partager sa reconnaissance entre plusieurs bienfaiteurs. Nous avons connu un riche propriétaire qui voulait avoir le droit de dire *mes pauvres,* comme il disait mes moutons, mes fermiers. Il adoptait quatre ou cinq indigents, se montrait généreux à leur égard, mais il mettait à ses bienfaits la condition que *ses pauvres* n'accepteraient d'aucune autre main que de la sienne.

Cette bizarrerie s'était aussi déclarée et germait dans l'esprit d'une jeune fille nommée Anna, que son père M. Dumolard, ancien négociant retiré des affaires, avait placée dans une pension à Paris.

M. Dumolard donnait tous les samedis à sa fille une petite somme d'argent qu'il l'autorisait à dépenser en aumônes. Il savait par la domestique, qui chaque jour conduisait Anna à la pension, que la jeune fille faisait des distributions de secours ; mais elle lui avoua qu'elle lui avait fait promettre de ne pas dire le lieu où demeuraient les indigents auxquels elle venait en aide de sa bourse.

Le père d'Anna fut étonné de cette recommandation, et il se promit d'en connaître le motif.

Un soir, que la bonne et la jeune fille revenaient de la pension située dans le haut de la rue des Martyrs, Anna dit à la domestique de prendre avec elle le boulevard extérieur pour

regagner le domicile paternel, situé rue du Faubourg-Poisson-
nière.

A peine la jeune fille avait-elle fait quelques pas, qu'elle
s'arrêta à l'angle d'une rue hors barrière, et elle présenta une
pièce de dix sous à deux pauvres enfants couchés par terre.
Leur costume annonçait de jeunes montagnards de Savoie ou
d'Auvergne,

« Tenez, mes chers petits dit Anna, je ne suis pas très
riche, mais je le serai davantage dimanche. »

La joie se peignait sur la figure des deux enfants.

« Où est donc votre sœur ? demanda Anna.

— Elle va venir, mademoiselle, » dirent les deux enfants
avec l'accent montagnard.

A ce moment la petite voix accentuée et gutturale de la
petite Auvergnate se fit entendre, elle cria :

« Frère Pierre, viens donc remercier ce biau monsieu ; »
et elle faisait sauter une pièce de un franc dans sa main.

Anna se retourna, vit son père et elle devint pâle... garda
un moment le silence et se prit à pleurer...

M. Dumolard feignit de ne pas apercevoir la tristesse de sa
fille ; il reprit le chemin du logis, et quand il la plaça sur
ses genoux, et, la regardant avec attention, il lui demanda la
cause de l'émotion qu'elle pouvait à peine cacher.

Anna, trop franche pour dissimuler et taire la vérité, dit
en recommençant à pleurer :

« Je vois bien que ma bonne a parlé ; tu as découvert mon
nid de ramoneurs. »

— Comment ! ton nid de ramoneurs, dit M. Dumolard ;
jusqu'à présent je connaissais bien les nids de rossignols,
les nids de pinsons, les nids de chardonnerets ; je savais bien
aussi que lorsqu'on trouve le premier ces nids-là, on n'est pas
bien aise qu'un autre les découvre, mais je ne vois pas ce
que cela a de commun avec notre rencontre.

— Je vais te le dire, mon papa.

» Un soir nous revenions, ma bonne et moi, le long des
boulevards extérieurs ; il faisait froid, bien froid. En passant

près du coin du mur, d'une rue étroite, j'aperçois trois petits enfants couchés, blottis ensemble, absolument comme de pauvres petits oiseaux ; j'approche, trois petites mains noires s'avancent en même temps, et trois petites voix bien tristes disent : « Ma bonne petite demoiselle, nous avons faim. »

» J'avais une pièce de un franc dans ma bourse, je la donnai, et je dis aux pauvres enfants que je leur en apporterais autant toutes les semaines.

» Ils crurent que j'étais pour eux une bonne fée ; ils se levèrent se mirent à danser, à rire ; et si ma bonne et moi ne les avions pas arrêtés, ils auraient embrassé mes pieds.

» Je revins près d'eux toutes les fois que j'avais de l'argent ; et trouvant mes protégés presque toujours blottis dans le même coin, j'appelai leur asile *mon nid de ramoneurs*. Ils m'aimaient bien... j'étais heureuse de voir leurs grands yeux noirs briller, leurs belles dents blanches sourire quand j'arrivais. Personne au monde ne leur faisait autant de bien que moi. »

— « Et maintenant que j'ai trouvé ton nid dit le père d'Anna, tu crains que la reconnaissance ne se partage. »

Anna baissa la tête.

« Tu ne veux pas qu'il y ait pour un autre une part de la joie que ces petits êtres éprouvent en voyant quelqu'un qui te seconde. »

Anna rougit.

« Et pour satisfaire ce petit mouvement, qui est de l'orgueil, tu t'exposes à être cruelle. »

— Moi, mon papa ? dit Anna effrayée.

— Oui, mon enfant ; car tes ressources ne te permettent pas de donner un gîte et des aliments chaque jour à ces enfants, et tu n'as pas réfléchi que si une autre main ajoutait une offrande à la tienne, le bien-être de tes protégés augmenterait.

— Pardonne-moi, mon bon père, dit la jeune fille, j'ai eu tort, et je te remercie d'avoir donné plus que moi. »

Le lendemain de cette scène de famille, Anna vint comme de coutume embrasser son père avant de se rendre à la pen-

sion : elle lui demanda la permission d'amener le dimanche
plusieurs de ses compagnes d'étude.

« Fais mieux que cela, Anna, obtiens de leur mère un consentement, et tu leur offriras une collation.

— Oh ! que tu es bon, dit la jeune fille ; puis elle ajouta
avec un sourire : Tu n'en seras pas fâché, il s'agit d'une
affaire sérieuse. »

Le dimanche venu, le salon de M. Dumolard fut envahi
par une nombreuse société de jeunes filles.

La première parole que la fille de M. Dumolard adressa à
ses amies fut celle-ci : « Mesdemoiselles, vous savez que nous
avons à faire des choses sérieuses. » Le petit repas fut silen-
cieux contre l'habitude.

La présidence d'une assemblée dont le but était encore un
mystère, fut offerte à M. Dumolard, qui l'accepta.

Trois tabourets restaient inoccupés.

Au dessert, à un signal donné, la domestique paraît, ame-
nant les deux petits ramoneurs et leur sœur, tous trois
débarbouillés et ne sachant quelle contenance faire au milieu
de cette réunion. Ils s'assirent machinalement sur les sièges
qu'on leur indiqua ; et Anna, ayant fait faire silence, demanda
à M. Dumolard la permission d'expliquer le but de la réunion,
et de commencer un petit interrogatoire nécessaire. M. Dumolard, impatient de savoir de quoi il s'agissait, donna son
consentement.

Anna fit un signe à la bonne, qui fit lever les trois petits
montagnards ; et ceux-ci, sur une demande de la jeune fille,
répondirent se nommer Pierre, Jacques et Jeannette Pellissier.

« Pierre, quel âge avez-vous ? demanda Anna.

— Douze ans, mams'elle, mon frère Jacques onze, ma sœur
Jeannette neuf à la Saint-Léonard.

— Quel est votre pays ?

— Nous sommes nés près des Baraques. »

Toutes les jeunes filles se mirent à rire, et Anna allait
faire remarquer qu'il y a en Europe beaucoup trop de baraques pour que ce soit un indice du lieu de naissance ; mais

M. Dumolard expliqua qu'un petit hameau au pied du Puy-de-Dôme se nomme ainsi, sans doute à cause des baraques qui ont précédé les demeures plus solides.

« Vous êtes d'Auvergne ? »

Les trois enfants répondirent par un oui expressif, qui témoignait de la joie qu'ils éprouvaient au nom seul de leur pays.

Anna continua les questions.

« Pierre, vous avez dit ce matin à ma bonne que si vous aviez de l'argent, vous vous feriez remouleur ?

— Oh oui, je l'ai dit ! dit l'aîné des enfants ; si j'avais seulement une vingtaine de francs j'achèterais une mécanique, et ron... ron... ron... » Il imitait par un geste le mouvement de la meule qui marche.

» Et moi je tournerais la roue au frère, dit Jeannette en continuant le geste de Pierre.

— Et vous Jacques ?

— Ah moi ! mademoiselle, si j'avais pas été volé par un méchant homme, j'aurais encore tous mes instruments, et je m'en irais dans les rues, criant de grand cœur : *Raccomoda la faïence...* C'est que cha me connaît.., et si monsieur voche père veut casser toute cha porcelaine, je vais la lui recoudre que ça ne paraîtra pas plus qu'une reprise dans un bas de laine.

— Et combien coûtent les instruments de ton état ?

— Pour une pièce de quinze francs j'en verrais l'affaire ; mais où voulez-vous que je trouve une pièce de quinze francs ? Il n'y a que le roi qui pourrait m'avancer cela, je le connais bien, mais lui il ne me connaît pas.

— Allez vous asseoir, mes enfants, fit Anna avec gravité ; et se tournant du côté de son père, elle dit : Quinze et vingt francs. Il faut additionner ces deux sommes-là.

— Un moment, dit M. Dumolard, qui comprenait le projet des jeunes filles.

« Ce n'est pas le tout de calculer ce que coûteront les instruments de travail, il faut encore à vos protégés des habits

propres, une petite chambre pour mettre eux et leurs outils
à l'abri des injures du temps, à l'abri des voleurs. Tout compte
fait, cette œuvre coûtera cent cinquante francs.

— Cent cinquante francs ! répètent les jeunes filles... et
toutes baissèrent la tête.

— Et bien, Anna, continue donc, dit M. Dumolard. Quand
on veut faire le bien, il ne faut pas rester en route, car alors
on rendrait plus à plaindre le sort de ceux qui ont eu un
moment d'espérance.

— Nous n'avions pas pensé à tout, dit tristement Anna.

— Et combien aviez-vous dans votre caisse de secours?

— Cinquante francs, mon papa, et encore plusieurs de nous
ont emprunté au portier de la maison sur leur semaine prochaine.

— Ah! vous avez emprunté !... Eh bien, l'affaire peut se
terminer. Je vais faire comme le portier de la maison, je
vous prêterai ; mais pour me payer, il faudra bien longtemps
vous priver de sucre d'orge, de pain d'épices, de mille petites
douceurs... Que celles d'entre vous qui consentent à sacrifier
pendant deux mois tout ce que leurs parents leur donneront
pour leurs menus plaisirs s'apprêtent à lever la main. Ecoutez-
moi.

« Moyennant le prêt que je vais faire, demain matin Pierre,
Jacques et Jeannette auront des outils, des vêtements, un logis.
Vous souffrirez des privations, mais eux ne souffriront plus.
Maintenant que celles qui sont d'avis de lever la main, la
lèvent... »

On vit les mains se dresser avec la précision d'un mouvement
de manœuvre exécuté par de vieilles troupes. Toutes partirent
en même temps.

Les trois Auvergnats pleuraient d'attendrissement. A ce
moment le son criard d'une vielle se fit entendre.

M. Dumolard, pour cacher son émotion, proposa de faire
monter le musicien ambulant.

La proposition fut acceptée avec enthousiasme ; Pierre et son
frère Jacques se précipitèrent au-devant du joueur de vielle,

qui était un de leurs compatriotes. A la demande générale, les deux Auvergnats et leur sœur exécutèrent la bourrée du pays, en l'accompagnant des cris aigus qui, en cette circonstance, furent l'expression énergique de leur joie.

Et deux jours après, Pierre faisait entendre sous les fenêtres de M. Dumolard ces mots : *Repasser les couteaux*. Anna l'appela et lui donna à aiguiser tout ce qu'elle put trouver sous sa main. Un moment après, Jacques criait : *Raccomoder la faïence*.

« O mon papa, dit Anna, permets-moi de casser quelque chose pour donner de l'ouvrage à Jacques.

— C'est fait, mademoiselle, » dit la domestique, qui, la veille, avait donné une preuve de maladresse en cassant trois compotiers.

Toutes les jeunes amies d'Anna tinrent fidèlement leur parole et leur engagement. M. Dumolard se donna bien de garde de leur faire remise de la dette contractée avec tant de cœur. Et quand le payement fut effectué, il réunit les jeunes filles, les engagea à chercher quelque *autre nid* de ramoneurs, afin d'appliquer à quelques petits malheureux éloignés de leur pays la somme qu'il avait à sa disposition et qu'il se proposait de doubler de ses deniers.

CONTE V.

—

ALFRED LE MAUVAIS PLAISANT.

M. Bossy, commerçant retiré des affaires, avait établi sa résidence à un petit village situé sur les bords de la Seine, à quelque distance de la ville de Corbeil. Là, il passa quelques jours paisibles en société de madame Desmarets, sa sœur, et rien n'eût manqué à sa satisfaction si Alfred, son fils, âgé de douze ans, eût profité des conseils que chaque jour il recevait de son père et de sa tante. Mais les bons exemples et les salutaires leçons semblaient n'avoir aucune action contre un esprit de domination et un penchant à la moquerie qui se manifestait de plus en plus chez le jeune homme.

Les parents d'Alfred avaient été forcés de le retirer de plusieurs pensions, car il se faisait le tyran de ses camarades, oubliait le respect dû à ses maîtres, jusqu'à se permettre, au milieu des cours, des interruptions, des demandes inconvenantes ou inopportunes.

Jamais Alfred n'écoutait parler un paysan sans se moquer, d'une façon humiliante, de son langage, M. Bossy avait beau lui faire réprimande à ce sujet, et lui dire qu'il y avait de l'injustice à exiger d'un homme qu'il sût ce qu'on ne lui avait pas montré, Alfred n'en continuait pas moins ses sarcasmes.

Souvent encore l'ancien négociant avait à reprocher à son fils de manquer de cette douce pitié qu'on doit aux malheureux et aux infirmes. Alfred rencontrait-il un aveugle, il lui faisait des questions auxquelles cet infortuné ne pouvait répondre. Si deux boiteux indigents se présentaient et imploraient sa charité, il leur faisait gagner à la course une pièce de monnaie, et prenait plaisir à voir les difficultés de la lutte.

La petite fortune de M. Bossy éprouva un échec ; un banquier chez lequel il avait placé ses économies prit la fuite. Le chagrin de cette perte, augmenté peut-être de l'affliction secrète que le père d'Alfred ressentait des fâcheuses dispositions de son fils décidèrent une maladie qui, en peu de mois mit l'ancien négociant au tombeau. Il laissa à sa sœur les faibles débris de ses épargnes, donna au vénérable curé du village, qui était son ami, la tutelle difficile de son fils; il lui demanda de lui servir de père, et bientôt après il mourut.

Quelques mois avant le décès de M. Bossy, le jeune Alfred avait fait un tour de sa façon qui surpassait tout ce qu'il avait montré jusque-là d'audace.

Il y avait à Corbeil un notaire bossu, et qui avait la faiblesse de s'affecter de son infirmité. Un jour, il voit arriver dans son étude, à la même heure, dix personnes de la ville ou des environs qui toutes sont porteurs d'une lettre qui les mande en son étude à heure fixe ; ces dix personnes, les unes de la classe aisée, les autres appartenant à la famille des campagnards, d'autres à la classe ouvrière, réunies par une circonstance bizarre qu'elles ne comprennent pas, ont toutes la même infirmité que le notaire ; elles sont toutes bossues. L'officier public croit qu'on a voulu se jouer de lui ; les personnages mandés pensent de leur côté que le notaire a voulu les ridiculiser ; enfin après explication, il est reconnu que les lettres de convocation ne partent pas de l'étude, et chacun se retire faisant des conjectures sur cette cruelle plaisanterie.

On ne tarda pas à connaître l'auteur ; on sut que c'était Alfred Bossy, et chacun se promit, si l'occasion s'en présentait, de prendre sa revanche et de donner une leçon sévère au coupable.

Quand le vénérable abbé Morin, eut connaissance de cette aventure, il adressa une réprimande au fils de son ancien ami. Il lui montra la voie dangereuse dans laquelle il s'engageait en semant autour de lui la haine à un âge où l'on doit chercher à s'entourer d'affections. « Les mauvais cœurs, lui dit-il, trouvent seuls un charme à la moquerie et un côté plaisant aux infirmités des autres. » Il lui présenta pour exemple la douce morale de l'Évangile qui toujours console, et pour exemple Jésus-Christ, qui ne s'entourait de malades et d'infirmes que pour les plaindre, les soulager ou les guérir.

Les remontrances du bon curé ne corrigèrent pas Alfred : il persévéra dans ses habitudes de persifflage, il semblait dominé par le besoin d'insulter à toutes les infortunes. S'il se trouvait en compagnie de pauvres gens, il aimait à raconter les grands dîners où il était convié du vivant de son père. S'il causait avec un vieillard, c'était pour parler des agréments de la jeunesse ; il ne laissait jamais échapper une occasion de rappeler à un vigneron les mauvaises années de récolte ou à un fermier les dommages que la grêle ou la foudre avait faits dans sa propriété. Toutes les fois qu'il accostait un habitant du village et qu'il disait : « J'ai une nouvelle à vous apprendre, » on pensait que c'était quelque triste événement qu'il allait raconter ou quelque moquerie dont il rendait victime l'auditeur.

Ces défauts portèrent leurs fruits ; il n'y eut bientôt plus personne dans le pays qui conservât des relations habituelles avec le fils de M. Bossy. Le bon curé seul ne renonça pas à la pénible tâche de ramener Alfred à de meilleurs sentiments. Il ne lui retira pas son affection, et un événement grave lui donna occasion de faire éclater l'intérêt qu'il prenait encore à ce jeune homme dont chaque jour la mauvaise renommée croissait.

Une vieille et respectable fermière, nommée madame Maury, avait cédé depuis quelques mois l'exploitation de ses terres à ses enfants. Presque aveugle, elle avait tellement l'habitude des localités, qu'elle continua à loger dans une jolie chaumière isolée du corps de ferme et donnant sur la lisière d'une forêt.

Un jour, c'était la fête patronale de Corbeil, la Saint-Spire, et les habitants des hameaux voisins s'étaient rendus en joyeuse caravane à la ville. La mère Maury, douée d'une humeur joyeuse et d'une vigueur que l'âge n'avait pas détruite, voulut être de la partie. Ses fils l'emmenèrent dans leur carriole, et le village attenant à la ferme resta désert.

Alfred avait dirigé sa promenade du côté de l'habitation de la mère Maury ; il approche de la chaumière et pousse machinalement la porte, elle était restée entr'ouverte : la fermière avait cru sans doute l'avoir fermée. Alfred pénètre dans la maison ; sa pensée, toujours incline à la malice, conçoit un projet. Il a aperçu, près du prie-Dieu en bois de la fermière, un rosaire dont les grains sont en ivoire : les dizaines, qui représentent les dix *Ave Maria*, sont coupés par des grains isolés qui sont les *Pater*, le toucher sert de guide à la vieille aveugle, et elle fait sa prière avec ce chapelet comme si elle la suivait dans un livre ; Alfred trouve plaisant d'intervertir l'ordre des grains, et de confondre les Oraisons dominicales avec la Salutation angélique. Il sourit à l'idée de la fermière ne se reconnaissant plus à son rosaire. Il va se mettre à la besogne ; mais craignant d'être surpris, il prend le parti d'emporter le chapelet et de faire le changement qu'il projette sous la protection des charmilles qui bordent la forêt voisine. Il sort, reste quelques moments absent, et quand il revient pour remettre le chapelet, il trouve un pâtre assis sur le seuil de la chaumière. A la vue du pâtre, il rebrousse chemin, car il reconnaît en lui un des bossus qu'il a appelés chez le notaire de Corbeil ; il ne paraît pas curieux d'être reconnu par lui, car Alfred a tiré vanité de cette plaisanterie, et dans le pays nul n'ignore qu'il en est l'auteur.

Attendre que le pâtre quittât la place, c'était s'exposer à voir revenir la fermière et ses enfants qui, sans doute, la ramèneraient.

« Je rapporterai le rosaire demain matin; se dit Alfred; ce soir la fermière s'en inquiétera, elle croira l'avoir égaré, à l'aurore je rôderai par ici, je ferai une petite visite à la mère Maury, je glisserai le chapelet dans un coin, et peut-être serai-je le premier témoin de l'embarras qu'elle éprouvera en touchant les grains. »

Il s'éloigna et entendit le pâtre fredonner, en langage inintelligible pour lui, une espèce de chant de bergerie.

« Voilà le bossu qui chante quelque vieux grimoire de sorcellerie, dit en ricanant Alfred; mais s'il est devin, comme les paysans le croient, il aurait bien dû profiter de sa science pour voir d'avance qu'on l'attraperait chez le notaire de Corbeil. »

Quand la fermière fut de retour, son premier soin fut de chercher son chapelet pour faire sa prière du soir; elle ne le trouva pas, et éleva mentalement son âme à Dieu. Le plus jeune de ses fils qui habitait avec elle, se retira dans une petite chambre qu'il avait au-dessus, et la bonne vieille ne tarda pas à s'endormir.

Alfred ne fut pas aussi matinal qu'il se l'était promis, et avant qu'il eût pensé à venir restituer adroitement le chapelet à la fermière, celle-ci était déjà habillée, avait fait sa prière en s'inquiétant de ne pas retrouver son chapelet. Elle avait ce matin-là un payement à effectuer; elle ouvrit sa grande armoire de noyer, porta la main sur la planche où elle avait placé deux sacs d'écus, et n'en trouva plus qu'un.

« Pierre, mon fils, s'écria-t-elle, vois donc dans l'armoire, n'aperçois-tu pas deux sacs d'argent.

— Non, mère, il n'y en a qu'un.

— Cherche bien, » dit la fermière.

Pierre chercha, mais ne découvrit pas le second sac; et bientôt dans tout le village, on sut qu'un vol avait été commis chez la mère Maury.

Cependant Alfred s'était disposé à sortir : il avait pris le chapelet et allait partir, quand il aperçut de la fenêtre de sa chambre, des groupes serrés qui se dirigeaient du côté de sa demeure ; il aperçut à la tête du rassemblement l'adjoint de la commune.

« Encore un des bossus de Corbeil, se dit-il ; comme il gesticule ! Viendrait-il me demander réparation de la plaisanterie dont il a été victime ? Ce qui me le ferait croire, c'est que je vois à son côté le pâtre d'hier qui a les mêmes griefs contre moi.

Au milieu des murmures de la foule, on entendit prononcer distinctement le nom de la fermière, la mère Maury : madame Desmarets, la tante d'Alfred, s'avança pour recevoir l'adjoint, qui lui dit d'un air affligé, qu'il s'agissait d'un fait grave pour lequel il fallait qu'il parlât à son neveu.

Tous les villageois se précipitèrent dans la maison, Alfred cacha précipitamment le rosaire dans la poche de sa veste à basques qu'il portait, et, rassurant sa tante d'un sourire, il demanda à l'adjoint d'un air impérieux ce qu'il désirait.

L'adjoint apprit à Alfred qu'un vol avait été commis la veille, dans la demeure de la fermière, pendant l'absence de sa famille.

« Et quelle est la nature de l'objet volé ? » dit en ricanant Alfred.

L'adjoint répondit : « Un sac d'argent contenant une forte somme. » Alfred pâlit, son assurance l'abandonna, il comprit qu'il pouvait y avoir des soupçons si on l'avait aperçu.

Et c'est vous, monsieur, continua le magistrat qu'on accuse de cette soustraction ; on vous a vu entrer dans la demeure de la fermière.

— Qui m'a vu ? demanda Alfred.

— Moi, dit le pâtre bossu.

— Et vous m'avez vu dérober un sac d'argent ? ajouta Alfred, en jetant sur son accusateur un regard d'indignation.

— Non, je n'ai pas vu cela, dit le berger

— Eh bien, monsieur l'adjoint dit Alfred, je vous donne le conseil, si vous voulez découvrir la vérité, d'accuser un autre que moi.

— Qui accuserai-je ? dit le magistrat.

— Peut-être moi, dit le pâtre avec un grand rire qui laissa voir toutes ses dents.

— Et pourquoi pas ? dit Alfred. Je vous ai vu près de la maison comme vous m'avez vu.

— Je vous ai vu dedans, dit le pâtre : d'ailleurs, demandez à tout le village si ça peut-être moi. Trouvez ici une voix pour dénoncer Jacques Labiche. Lui, voler de l'or ! pourquoi faire ? Il a refusé les gages que les fils de la mère Maury lui offraient, il partage avec eux le pain qu'ils mangent, le vin qu'ils boivent. On n'achète pas, à la ferme, une veste de toile à la Saint-Jean d'été, ni un vêtement de camelot à la Saint-Jean d'hiver sans que Jacques Labiche n'ait sa part. Moi, voler de l'argent, et qu'est-ce que j'en ferais ? J'ai le droit de prendre des pommes à tous les arbres, des grappes à toutes les vignes : mes pauvres bêtes, v'là ma famille ! elles ne me demandent que de l'herbe. Tâchez donc de trouver quelqu'un qui doute de moi. Allons, cherchez, voilà des témoins... Eutrope crois-tu que Jacques Labiche soit un voleur ?

— Oh non ! dit un villageois, je le cautionne.

— Eugène Lampi, Jacques Labiche est-il capable d'une mauvaise action ?

— Non, non ! dit un second.

— D'une friponnerie ?

— Non, non !

— D'une méchanceté ?

— Non, non ! crièrent tous les paysans.

— Vous m'aimez tous, vous m'estimez tous, n'est-ce pas ?

— Oui, oui ! répétèrent trente voix.

— Monsieur Alfred, tâchez de leur faire dire la même chose sur votre compte, et je vous embrasse de bon cœur ; » et le pâtre remit fièrement sur sa tête son bonnet de laine qu'il tenait à la main.

A ce moment, un des assistants placé derrière Alfred poussa un cri : il venait d'apercevoir une petite croix d'argent et quelques grains d'un rosaire qui sortait de la poche du neveu de madame Desmarets.

« C'est le chapelet de la mère Maury, » s'écria-t-il, et il le tira violemment malgré la résistance d'Alfred et le montra à l'assemblée.

Madame Desmarets tomba anéantie sur une chaise. Alfred éprouva un tremblement nerveux; il comprit qu'il avait laissé échapper l'occasion de se justifier.

L'adjoint donna à voix basse un ordre, et quelques minutes après, Alfred Bossy, les mains attachées par une forte corde, traversait à pied le village, sous la garde de deux gendarmes, et suivait avec eux le chemin de Corbeil et de la prison.

Le curé était absent du village quand ces événements se passèrent; il était allé au loin porter les secours de la religion à une malade. Il revenait monté sur son cheval, qui avait la douce allure de l'amble; il aperçut les gendarmes, et, suivant son habitude, il se dirigea vers le prisonnier pour lui donner quelques paroles de consolation et une aumône; il reconnut le fils de son ami; la parole expira sur ses lèvres.

« Ne me croyez pas coupable, monsieur le curé, lui dit avec douleur Alfred; les apparences sont contre moi, mais la justice sera éclairée, j'espère. »

L'accusé raconta au pasteur tous les détails de sa visite chez la fermière. Il versa des larmes amères sur la force du penchant qui l'avait entraîné encore une fois à faire une mauvaise action. Le bon prêtre ne prononça pas une parole sévère; il suivit le jeune homme jusqu'à Corbeil; et pour lui donner le courage de supporter l'humiliation en traversant la ville, il se plaça près de lui et l'accompagna jusqu'à la prison, promettant de le revoir bientôt.

Une cruelle épreuve était encore réservée au neveu de madame Desmarets. La femme du geôlier de la prison de Corbeil était une des victimes de la mystification qui avait eu lieu chez le notaire, elle était bossue, et savait que le jeune Alfred Bossy, qu'elle connaissait indirectement, était l'auteur de cette plaisanterie qui avait rendu dix personnes jouet de toute la ville. Il n'y eut pas de mauvais traitements qu'elle ne fît endu-

rer au prisonnier qui reconnut que Dieu employait pour le
châtier ceux envers lesquels il s'était rendu coupable.

Le curé fit de nombreuses démarches près des magistrats,
mais il lui fut impossible de faire passer dans leur esprit la
conviction qu'il avait de l'innocence de l'accusé. Il vint le
voir souvent et lui cacha les difficultés qui se présentaient.
« Place ton espoir en Dieu, mon ami, disait-il, et nous triom-
pherons. »

Le pasteur avait mis tout en œuvre pour découvrir le coupable ; les habitants du hameau, que la captivité d'Alfred avait
émus et qui ne pouvaient s'empêcher de le plaindre parce
qu'ils savaient que son infortune affligeait leur curé, avaient
aidé le ministre des autels dans ses recherches. On avait
espéré que les voleurs pourraient tenter un nouveau coup et
on avait organisé des gardes et des rondes nocturnes qui veil-
laient sans être vues près de la ferme. Plusieurs fois même,
la mère Maury avait feint de s'absenter et avait laissé sa porte
entr'ouverte pour faire donner les coupables dans le piége.
Rien de tout cela n'avait réussi, et il n'y avait plus que deux
jours avant la mise en jugement de l'accusé.

Le curé avait voulu prendre rang parmi ceux qui faisaient
le guet pendant la nuit. Quelquefois il se levait, et seul, armé
d'un fusil, il avançait dans la direction de la demeure de la
fermière.

Par une nuit calme, pendant laquelle la lune projetait sa
clarté sur le petit bois de châtaigniers dont nous avons déjà
parlé, le prêtre en sentinelle, crut entendre le bruit d'une
porte tournant sur elle-même ; il voit s'avancer et s'animer
quelque chose qui ressemblait à un suaire : deux paysans qui
accompagnent le curé vont faire feu, le prêtre les arrête ; il
suit pas à pas le fantôme, dont on ne peut apercevoir les
traits ; il franchit la distance qui sépare la maison de la fermière du petit bois, le spectre y pénètre, s'agenouille, et
sous une large pierre qui sert de voûte naturelle à un ruisseau, il dépose un sac. Un rayon lunaire jette sa lumière sur
la figure que l'ombre voilait, et le curé reconnaît la fermière.

« Elle dort, dit-il ; c'est un accès de somnambulisme. »

La fermière reprend la route de son habitation, on entend de nouveau la porte se fermer.

Le curé et les deux villageois s'empressent de fouiller la voûte de pierre du ruisseau. Ils trouvent deux sacs d'argent.

A la pointe du jour ils frappent chez la mère Maury et lui disent de regarder dans son armoire.

La fermière, après avoir promené sa main, s'écrie : « Je suis encore volée, il me manque un sac d'écus.

— Un seul ! s'écrie le curé avec joie.

— Oui, monsieur le curé, dit la fermière, un seul, il y a longtemps que l'autre est parti.

— Il est revenu, dit le pasteur ; tenez, touchez, mère Maury. »

Et le curé, présentant les deux sacs, raconta à la fermière comment elle était elle-même sa voleuse ; il lui demanda si elle ignorait qu'elle fût sujette aux attaques de somnambulisme, et il lui expliqua les effets de ce rêve en action.

« Il y a quelque vingt ans, dit en souriant la vieille fermière, mon père me trouva la nuit à manger des pommes dans le verger, il m'infligea une forte punition ; cependant je ne la méritais pas, car une puissance plus forte que moi m'avait conduite. C'est cevenu au bout de quarante ans, je remercie le bon Dieu, puisque cela me rend mes écus et que cela sauve un innocent,

» Ma foi, monsieur le curé, dit la fermière, il faut avouer que depuis quelque temps il se passe ici des choses surnaturelles ; imaginez-vous que mon chapelet a été ensorcelé : tous les grains ont changé de place, c'est à ne pas s'y reconnaître.

Je vous amènerai le sorcier, » mère Maury, dit en souriant le curé.

— Et il raconta à la fermière comment une pensée coupable et un penchant répréhensible avaient amené dans son domicile Alfred le mauvais plaisant ; comment il avait pris le chapelet, sans avoir cependant intention de se l'approprier, et comment aussi cette moquerie avait fait accuser le jeune

Civilité.   4

homme d'un vol dont il était innocent et aurait pu motiver sa condamnation sans l'événement de la nuit qui avait servi à le justifier.

Quelques heures après le départ du curé, Alfred Bossy, mis en liberté, était auprès de la fermière : il rétablit en ordre les grains du rosaire, et donna le bras à la mère Maury, avec laquelle il vint faire une prière à l'église du village.

Alfred mit tous ses soins à regagner l'affection des habitants du village. Il se fit un devoir d'aller au-devant de ceux qui semblaient encore l'éviter et lui gardaient rancune en souvenir de ses malins tours.

Depuis quelque temps, il cherchait, entre autres personnes, le berger qui avait été un de ses accusateurs, et s'était ainsi cruellement vengé d'une mauvaise plaisanterie ; enfin Alfred rencontre un matin le pâtre bossu, et lui adressa ces paroles :

« Jacques Labiche, tu as dit il y a neuf mois : *Tâchez qu'on vous aime autant que moi dans le village*, et je vous embrasserai de bon cœur.

— Je ne m'en dédis pas, » s'écria le bossu : et il sauta au cou d'Alfred, qui à son tour le pressa sur son cœur.

Le fils de M. Bossy alla de lui-même, et sans conseil, faire ses excuses à toutes les personnes qui avaient figuré dans la réunion chez le notaire. Ce dernier trouva cette démarche tellement louable, qu'il retint près de lui le jeune homme et se l'attacha en qualité de clerc. Au moment où nous écrivons cette histoire, le notaire de Corbeil vient de prendre comme associé, Alfred Bossy qui, plus tard, deviendra son successeur.

CONTE VI.

—

LES VISITES.

Lucile, fille de M. de Moléon riche propriétaire, s'amusait un matin à compter des cartes de visites que son père avait fait graver à l'approche du jour de l'an.

« Mon bon père, dit la jeune fille en s'adressant à M. de Moléon, voici à peine un mois que tu as acheté ce paquet de petites cartes, et il y en a déjà trente de moins; » et elle ajouta en souriant : tu es un grand faiseur de visites.

— « Mon enfant, reprit M. de Moléon, les visites sont un des plus puissants liens de la société ; en rappelant aux hommes ce qu'ils se doivent entre eux, elles font contracter l'habitude des relations qui arrachent à l'isolement et à l'égoïsme ; les visites établissent entre les individus des rapports plus ou moins intimes qui contribuent au bien-être, aux charmes de la vie ; il est de nombreuses circonstances où se dispenser d'une visite est un acte d'inconvenance, une preuve de mauvaise éducation, une marque d'ingratitude.

» Une visite est quelquefois le témoignage du souvenir qu'on a conservé d'une généreuse réception. Si une personne vous a accueilli chez elle, si elle vous a invité à un bal, à une soirée, c'est par une visite faite quelques jours après cette réunion que vous devez payer votre tribut de remercîment.

» Un événement heureux arrive-t-il dans une famille qui est la vôtre ou qui vous a donné des preuves d'affection, il faut, par un acte de présence, attester la joie que vous ressentez du bonheur survenu.

» Un malheur atteint-il ces mêmes personnes, il faut aller partager leur affliction.

» Il y a des visites que les inférieurs doivent à leurs supérieurs, soit pour les remercier de leur protection, soit pour les complimenter, non-seulement au jour de l'an, à l'époque de leur fête, mais encore en diverses circonstances que l'usage apprendra.

» Demain, continua M. de Moléon, je commencerai l'éducation de ton frère sur cette manière ; je le présente à un de mes anciens condisciples qui occupe aujourd'hui un emploi élevé au ministère. Le soir, nous irons chez madame de Courtieux faire une visite, et tu seras, Lucile, de la partie.

— » Oh ! mon père, dit la jeune fille, tu verras comme je mettrai tes leçons en pratique ; je n'oublierai rien des conseils que tu m'as donnés sur la manière de me conduire. »

Adolphe, frère de Lucile, survint, et M. de Moléon profita de son arrivée pour continuer la leçon qu'il avait commencée la veille, et qui traitait de la manière de se tenir dans le monde, et notamment des règles de la conversation.

« Mon fils, dit le père instituteur, te rappelles-tu quelle est a dernière observation que je t'ai faite ?

— » Vous parliez, mon père, de certaines personnes qui avaient le ton de la voix désagréable ou vicieux, et vous citiez l'orateur grec Démosthène, qui s'est corrigé d'un bégayement en déclamant fort et en mettant des petits cailloux dans sa bouche.

— « Je reviens donc sur ce sujet, reprit M. de Moléon, et

je réduirai à quatre les défauts de la parole ou du ton de la voix, savoir : l'aigreur, le trop d'élévation, le bégayement et le grasseyement.

» Le ton aigu s'adoucit lorsqu'on s'accoutume à parler posément et sans chaleur, car plus on parle avec précipitation, plus la voix s'aigrit et plus elle déplaît.

» Quant à l'élévation de la voix, elle vient de la mauvaise habitude de vouloir, à force de crier, dominer et imposer la nécessité d'ajouter foi à ce que l'on dit. Ce défaut est d'autant plus insupportable, qu'il émane d'une arrogance impérieuse, et qu'il marque du mépris pour ceux à qui l'on parle.

» La monotonie est encore un défaut considérable ; car, quoique la parole ne veuille pas être chantée, elle demande pourtant à être cadencée, mais douce, qui varie insensiblement les tons pour plaire à l'oreille, au lieu que l'aigreur la déchire. Mais en fuyant un défaut, il ne faut pas tomber dans un autre, comme il arrive lorsque la vivacité de l'imagination et l'impatience de s'expliquer confondent et culbutent les paroles dans un bredouillement qui choque et qui empêche celui qui écoute de concevoir ce qu'on dit.

» Le bégayement est un autre défaut naturel plus difficile à corriger ; on peut en tenter le soulagement en parlant peu et posément, et commençant son discours par les syllabes les plus aisées à prononcer.

» A l'égard du grasseyement, qui empêche une partie de la prononciation, on le corrige en persévérant à étudier le son de la voix dans les mots où la lettre r se reproduit. Si on doit indulgence aux personnes qui ont ce vice de prononciation, on doit le blâme à celles qui affectent d'avoir ce défaut, qu'elles outrent au lieu de le corriger.

» Maintenant, mes enfants, continue M. de Moléon, je vais vous parler du geste qui doit animer la conversation.

» Le geste est le mouvement d'une partie du corps dont on accompagne ce qu'on dit, afin de lui donner de la force dans la conversation ; il faut en user avec beaucoup de réserve.

» L'excès de la hardiesse de l'œil dégénère aisément en

effronterie, et l'excès du mouvement du bras convertit le
parleur en joueur de pantomime.

» La règle générale, quant aux yeux, est qu'il faut, en
parlant, regarder la personne à qui l'on parle, non-seulement
parce que parler et ne pas regarder est une espèce de mépris,
mais, les yeux étant le miroir de l'âme, il est utile de voir celui
qui vous parle, afin de juger de la sincérité et de l'effet que
produit ce que vous lui dites.

» Cette maxime est très importante, mais il faut savoir l'employer avec intelligence et mesure.

» Il faut ménager avec prudence ses regards suivant la qualité et l'importance de la personne. Si elle est beaucoup au-
dessus de nous, le regard doit être extrêmement modeste et
circonspect, de sorte que, dans le mouvement humble des
yeux, on remarque l'expression du respect ; si c'est une personne à peu près égale, il faut que ce regard ait une certaine liberté riante qui annonce la confiance que vous ressentez et que vous désirez inspirer; avec vos inférieurs, le regard doit être mêlé de douceur et d'une certaine gravité, qui,
cependant, n'exclut pas la bienveillance.

« Les autres gestes, non-seulement sont moins importants
dans le discours familier, mais il faut presque s'abstenir d'en
faire, ou du moins qu'ils soient tellement modérés, qu'on
ne puisse pas tomber dans la déclamation.

» A l'égard des termes dont on doit se servir pour l'expri-
mer, il faut user des expressions les plus claires et les plus
intelligibles, et non de celles qui sont basses, triviales, obscu-
res et prétentieuses.

» Une observation importante doit être faite sur deux défauts dans lesquels tombent une infinité de gens.

» Le premier, c'est, quand une personne parle, de l'interrompre soit pour parler d'autre chose, soit pour lui répondre
avant qu'elle ait achevé son discours. Interrompre, c'est marque de mépris ou d'étourderie ; et si c'est pour répondre avant
d'avoir tout entendu, c'est présomption ridicule, parce qu'il
se peut faire qu'on n'ait point compris ce qu'on voulait dire.

» Le second défaut est fort ordinaire aux babillards et aux grands parleurs, c'est de parler en même temps qu'un autre et tandis qu'un auditeur prête l'oreille droite à celui-ci, l'oreille gauche à celui-là, et ne comprend ni l'un ni l'autre.

» Nous devons écouter patiemment celui avec lequel nous conversons jusqu'à ce qu'il ait achevé ce qu'il a à dire, et il faut cesser de parler dès qu'on entend parler un autre, quand même il aurait fait la faute de nous interrompre. »

Le lendemain de cette conversation avec ses enfants. M. de Moléon sortit avec Adolphe et se dirigea vers le ministère de l'intérieur, dont M. Bellanger, son ami, était un des employés supérieurs. M. de Moléon eut plusieurs fois l'occasion de faire remarquer à son fils la politesse des commis inférieurs et l'empressement des garçons de bureau à conduire les personnes près des chefs; il en tira cette conséquence que M. Bellanger, son ami, chef de cette division, devait être affable et d'une humeur bienveillante, car les subordonnés se forment toujours à l'image du supérieur.

M. Bellanger, en apprenant la visite de M. de Moléon, quitta son bureau, vint s'excuser dans le salon d'attente près de son ami, en lui demandant permission de recevoir avant lui quelques personnes arrivées les premières. M. de Moléon fit comprendre à Adolphe le sentiment de justice qui animait le fonctionnaire, bien différent de ces hommes en place qui font faire longtemps antichambre aux solliciteurs peu connus, pour ne s'occuper que de leurs amis ou des titrés auxquels ils sacrifient les autres.

Quand le tour d'entrée de M. de Moléon et de son fils arriva, le fonctionnaire vint les chercher lui-même; sa physionomie perdit son expression sévère, le sourire se plaça sur ses lèvres, il entraîna son ami dans son cabinet. M. de Moléon présenta son fils. M. Bellanger accueillit affectueusement le jeune homme, lui parla avec douceur, l'interrogea sur ses études; mais Adolphe, intimidé, gardait le silence, avait un maintien gêné, ses yeux se baissaient vers la terre; en vain la parole de M. de Moléon cherchait-elle à lui donner de l'assurance, la timidité du jeune homme était invincible, et son père abrégea sa visite autant pour faire cesser l'état de contrainte de son fils que pour laisser son ami reprendre le cours de ses occupations. Quand Adolphe fut dehors, il se sentit plus à son aise.

« Je ne te ferai pas de reproches de ta timidité, dit M. de Moléon à son fils, car c'est la première fois que je te conduis dans un monde dont tu ne connais ni les habitudes, ni les usages ; mais il faut, mon ami, te corriger de cette honte qui neutralise tes moyens et ferait même douter de ton intelligence. Cette pudeur niaise dénote une éducation manquée ; il faut t'habituer à t'expliquer sans peine devant quelque personne que ce soit, en conservant toujours à chacun le respect qui lui est dû selon son rang et sa qualité. Une personne donne mal à penser de ses capacités et de son esprit quand elle est intimidée par la présence d'un personnage plus riche ou plus puissant qu'elle.

Un célèbre écrivain moraliste a signalé la faute que je te reproche. « Il y a deux défauts, a-t-il dit, dont il faut se garder : l'un est une pudeur niaise, l'autre une négligence choquante qui fait qu'on n'a d'égards pour personne, défauts que l'on évitera en observant exactement cette seule règle : *de n'avoir mauvaise opinion de soi ni des autres.* »

« Napoléon disait que l'hésitation dans une réponse était la preuve d'un esprit faux et faible, c'est-à-dire d'un manque d'esprit. Quand il interrogeait, il voulait que la réponse fut prompte et instantanée.

» Un jour, passant en revue l'école militaire de Saint-Cyr, il s'arrêta subitement devant un élève.

» Combien pèse une botte de foin ? dit l'empereur d'un ton bref.

» — Douze livres, sire. — Et avec le lien ? — Onze. — C'est bien. »

« Quand l'inspection fut finie, l'empereur revint à l'élève qu'il avait interrogé ; il lui dit : « Je vous ai demandé tout à l'heure combien pesait une botte de foin, que m'avez vous répondu ?

» — Qu'elle pesait douze livres, sire, et onze avec le lien ; mais je m'étais trompé, je voulais dire que sans le lien elle pesait onze livres, et avec le lien, douze.

» — A la bonne heure, dit l'empereur, je veux qu'on réponde vite, mais je désire qu'on réponde juste. »

Un autre jour, se trouvant à Ecouen, dans la maison qu'il avait fondée pour l'éducation des demoiselles de la Légion-d'honneur, il adressa la parole à quelques enfants que la timidité rendait muets. L'empereur fit signe d'approcher à une jeune fille qui semblait plus éveillée que ses compagnes, et qui était occupée à un travail à l'aiguille.

« Mon enfant, lui dit Napoléon, combien faut-il d'aiguillées de fil pour ourler un mouchoir ?

» — Sire, répond la jeune fille, cela *dépend de la grandeur du mouchoir et de la longueur des aiguillées de fil.*

» Napoléon se mit à rire, et quelques années après cette jeune fille fut mariée et richement dotée par l'empereur. »

Le soir de la présentation du fils de M. de Moléon au chef de division du ministère, madame de Courtieux recevait, selon sa coutume, quelques amis. Sa maison était le rendez-vous journalier d'hommes du monde et d'artistes en tous genres. M. de Moléon ne pouvait trouver une meilleure école pour instruire ses enfants aux bonnes manières. Il y conduisit Lucile et Adolphe, et on se retira fort tard.

Les deux enfants de M. de Moléon, en rentrant au logis, demandèrent à leur père s'il avait été content d'eux. M. de Moléon renvoya au lendemain au déjeuner les observations qu'il avait à faire.

Quand les deux enfants furent réunis, le père prit la parole :

» Mes amis, dit-il, j'ai eu beaucoup à me louer de vous hier au soir.

» D'abord, Adolphe a montré moins de timidité qu'au ministère : il a salué avec grâce la maîtresse de la maison, il a su déposer avec convenance son chapeau et son manteau dans l'antichambre, et n'a pas fait comme le neveu de M. Raymond, qui est entré la tête couverte, et a placé sa coiffure sur un cabaret en porcelaine, qu'il a failli briser.

« Après avoir salué la maîtresse de la maison, Adolphe a eu soin de saluer les autres personnes présentes, ce qui est dans les usages.

» Quand une visite est arrivée, Adolphe a imité madame de Courtieux ; il s'est levé comme elle, il a agi comme le veut le bon ton, et si quelqu'un de la société se fût retiré, il eût encore été dans les convenances qu'il se levât de nouveau.

» Enfin, ajouta encore M. de Moléon, j'aurais été content d'Adolphe toute la soirée, s'il n'avait pas souffert qu'un vieillard restât debout pendant qu'il était assis.

— Mon père, dit Adolphe, je me suis aperçu de ma faute et je l'ai réparée.

— Imparfaitement, mon ami ; car tu as offert ta chaise à M. de Neuville, et tu as pris pour toi un fauteuil sur lequel tu t'es placé : il fallait offrir le fauteuil et prendre la chaise.

— Adolphe pensera à cela, mon père, dit Lucile ; et elle ajouta : Ai-je fait aussi quelque faute ?

— « Oui, mon enfant, dit M. de Moléon. D'abord, en entrant, tu as quitté ton châle et ton chapeau avant que la maîtresse de la maison t'y ait invitée. Quand madame Ribourg t'a tendu la main, tu l'as reçue avec empressement, c'est très bien, mais tu as offert de toi-même la main à madame de Saint-Georges, et l'âge et la position sociale de cette dame t'interdissent cet acte de familiarité. Une jeune fille doit attendre qu'on lui présente la main et non offrir la sienne, à moins que ce ne soit à une jeune fille de son âge.

» Lorsque vous vous êtes approchés tous les deux de la table, qui, selon l'usage, se trouvait couverte de riche albums ou de beaux ouvrages illustrés, au lieu d'attendre patiemment que les personnes plus âgées que vous aient laissé la place libre, toi, Lucile, tu as suivi avec empressement une jeune fille de ton âge, mais moins réservée, qui s'était emparée d'un album, et vous vous êtes amusées à le parcourir avidement, sans prendre garde que vous pouviez en froisser ou altérer les principaux dessins : sans savoir, surtout, si tous ces dessins pouvaient être convenablement vus par de jeunes personnes. Puis vous avez fait entendre des rires étouffés, et par moment ces mots inconvenants, quoique dits à demi-voix : « Oh ! que c'est laid ! oh ! que c'est mal fait ! » Tout cela sans prendre garde que l'auteur de ces dessins, amateur distingué, était l'un des invités.

» Ton frère a été beaucoup plus convenable : une dame feuilletait un de ces *albums*, et voyant qu'Adolphe s'abstenait d'y jeter les yeux de peur de la gêner, elle le pria de lui expliquer les divers sujets que l'artiste y avait représentés, ce qu'il fit avec politesse et discrétion, s'abstenant de toute explication qui aurait pu ressembler à du pédantisme et parlant à voix basse de peur de troubler les personnes qui, dans le même moment, exécutaient un morceau de musique au piano.

» Au milieu de la soirée, quand madame de Courtieux, placée près de la cheminée, t'a appelée, tu t'es mise à genoux devant elle sur un tabouret. Jusque là il n'y a rien de mal ; cette position d'une jeune fille n'a rien d'inconvenant près d'une personne qui mérite son respect ; mais quand madame de Courtieux a cessé de te parler, tu n'as pas quitté le tabouret, tu as pris la première place au feu et tu l'as conservé longtemps, ce qui est blâmable.

» En nous retirant, tu aurais porté ta chaise au bout de l'appartement si je ne t'avais dit que c'était contre l'usage, qui veut qu'on laisse ce meuble où on l'a trouvé.

— » Je vois que mon frère et moi avons encore à apprendre, dit Lucile ; mais avec de l'application, nous parviendrons à connaître les usages. »

Cette conversation de famille s'est tenue vers la moitié du mois de décembre. Quinze jours après, Lucie et Adolphe avaient fait à leurs grands parents les visites du premier jour de l'année ; M. de Moléon les avait accompagnés, et, suivant sa coutume, il leur avait fait part de ses réflexions sur leur manière d'être du monde.

« Adolphe, avait dit M. de Moléon, tu n'es plus d'un âge à demander aux livres quelques paroles pour témoigner ton affection. Trois phrases de toi-même valent mieux qu'un compliment composé par un autre. L'année prochaine, j'espère que tu renonceras à cette manière de présenter tes souhaits de bonne année. Il faut laisser ces sortes de compliments aux enfants en bas âge.

» Quant à toi, ma Lucile, j'ai cru remarquer que, pendant la visite faite à la tante, tu convoitais du regard un joli nécessaire placé sur une table parmi les objets d'étrennes.

— » Ma tante me le destinait.

— » Tu l'ignorais encore quand tu regardais ce petit meuble ; et il ne faut jamais forcer par une indiscrétion la volonté de celui qui veut faire un cadeau. Il ne faut jamais, non plus, laisser croire qu'on ne fait une visite que pour recevoir un don, et qu'on ne s'acquitte d'un devoir que parce qu'on espère en obtenir la récompense. »

CONTE VII.

—

M. TOUCHE-A-TOUT.

Il y a quelques années, M. Dalbis, riche propriétaire du département de Maine-et-Loire, attendait dans sa maison de campagne Charles, son fils, élève du collége royal d'Angers, qui allait venir passer près de lui le temps de ses vacances.

Charles, âgé de onze ans, était un élève studieux ; il avait remporté plusieurs couronnes à la distribution des prix, et M. Morard, son professeur, avait ajouté à la joie de ce triomphe en acceptant l'invitation que M. Dalbis lui avait faite d'accompagner son élève et de demeurer quelques jours dans la famille.

Accueilli par le père de Charles, M. Morard éprouvait une bien douce satisfaction, celle de n'avoir que des éloges à donner aux progrès et à la bonne conduite de l'écolier. Il les loua sans réserve ; mais cependant il crut ne pas devoir cacher à M. Dalbis une imperfection qui commençait à se développer chez son élève, et qui pouvait, si elle n'était réprimée, lui faire perdre, dans le monde, l'intérêt que lui mériteraient son instruction et les bonnes manières auxquelles il se laissait facilement façonner.

Charles avait un défaut assez commun et contre lequel les parents et les maîtres ne sévissent pas avec assez de sévérité; il ne savait pas observer la réserve et le respect que nous devons montrer pour toutes choses qui ne nous appartiennent pas. Il ne s'appropriait jamais un objet, mais il aimait à l'examiner, à le toucher, à le déplacer. Si M. Morard n'avait vu dans cette habitude qu'un désir d'étude, il eût été moins prompt à blâmer, mais il redoutait un penchant à la curiosité, il demandait à M. Dalbis de lui prêter secours pour corriger son fils du travers qui n'était encore en lui qu'un germe facile à étouffer.

A la voix du professeur, M. Dalbis poussa un profond soupir, il prit son fils par la main, le conduisit sur un banc de verdure ombragé par les rameaux d'un frêne pleureur; il pria M. Morard de prendre place près de lui, et il leur raconta cette histoire :

« Mon bon Charles, s'il est du devoir d'un père de chercher à rendre les vertus héréditaires, et s'il doit s'efforcer de léguer à ses enfants les qualités personnelles qu'il a pu cultiver pendant sa vie, il faut aussi qu'il prenne bien garde de se laisser à la pensée que les mauvaises habitudes peuvent être un patrimoine, et qu'elles se transmettent avec le sang, comme certains traits de la physionomie. »

Ce préambule fit lever la tête au professeur. Il chercha à lire dans la figure de M. Dalbis.

« C'est une confession que je commence, monsieur Morard, dit le narrateur; je n'ai pas eu de professeur assez sincère pour venir dire à mon père que j'avais aussi le défaut que vous reprochez à Charles; mais mon fils a un père qui aura la franchise de lui avouer ses propres torts, afin qu'il ne les imite pas.

» Au collège où je fus élevé, on me connaissait sous le nom de M. Touche-à-tout, que mes camarades m'avaient donné. Ce surnom porte avec lui l'accusation de mes habitudes. Je faisais le désespoir de ceux de mes condisciples qui aimaient l'ordre ou la symétrie de leurs pupitres ou dans les meubles qui renfermaient leurs vêtements.

» Si le professeur oubliait une tabatière ou un livre sur sa table, un moment après son départ il trouvait l'objet entre mes mains.

» Un de mes camarades recevait-il de sa famille un cadeau je tournai autour comme le renard qui cherche une proie ; je souffrais tant qu'il ne m'était pas permis de prendre entre mes mains l'objet de ma convoitise et de le tourner et le retourner en tous sens.

» Un jour qu'un de nos régents nous montrait une carte de géographie ancienne, écrite sur parchemin par des moines, et chargée d'ornements et de dessins précieux par le travail, mes camarades et moi étions groupés près d'une table sur laquelle la carte était déroulée ; la défense que fit le régent à haute voix de *ne pas toucher* éveilla en moi le malheureux instinct auquel je cédais si souvent. Le maître avait imaginé de poser un encrier très léger sur un des coins du parchemin pour le tenir ouvert ; l'encrier était plein jusqu'au bord, j'y touchai...

» Le parchemin, d'habitude roulé, fit un effort, un craquement, un saut, et revint sur lui-même entraînant l'écritoire. Ce fut un cri général. On déroula lentement la carte ; mais, hélas ! elle était couverte d'encre, et tout ce que le maître put faire pour réparer le sinistre fut inutile : la carte fut gâtée.

» Plus d'une fois on chercha à me corriger. A cette époque, on s'occupait beaucoup en France des épreuves de physique du savant américain Franklin. Il avait expliqué aux hommes les secrets de la foudre et des orages, il était parvenu à imiter en petit les grandes et terribles effets de la nature.

» Un jour, le principal du collége avait laissé la porte de sa chambre entr'ouverte, j'aperçois une bouteille brillante comme de l'argent, d'une forme peu usitée et surmontée d'une tige en cuivre terminée par une boule.

» La curiosité me pousse dans la chambre du régent... Je

veux toucher à la bouteille et prendre la petite boule qui brille... Je pousse un cri affreux..., j'avais éprouvé une douleur comme si j'eusse reçu un coup de marteau sur le bras, et au même instant, des cris de joie et des bravos partent du corridor. C'était une petite leçon que le maître m'avait donnée. J'appris depuis que j'avais été *électrisé*, et que la bouteille qui m'avait donné la commotion était l'appareil physique connu sous la dénomination de *bouteille de Leyde*.

» Il arriva parfois, continua M. Dalbis, que je reçus de cruels avertissements qui auraient dû plus tôt me corriger.

» Le régent de mon collège avait une très belle propriété à la campagne, et souvent les élèves allaient passer dans le parc et à la ferme les journées de congé extraordinaire.

» Pendant une de ces caravanes, on nous fit défense d'entrer dans certains taillis et de toucher aux cordes que nous pourrions rencontrer au pied de plusieurs arbres.

Je laissai mes camarades se disperser et reprendre la direction de promenade qui convenait à chacun, et je m'aventurai seul dans les parties de bois les plus épaisses. Après de longues recherches, pendant lesquelles le temps s'écoula rapidement, j'aperçus un de ces cordages auxquels il ne fallait pas toucher ; près de là, il y avait des feuilles entassées et qui semblaient cacher quelque chose ; je m'approche, et, pour mieux voir, je me baisse et me mets à genoux, écartant de mes mains le feuillage ; à ce moment, j'entends comme le jeu d'un ressort qui part, je vois briller deux branches de fer..., je pousse un cri de douleur et je tombe évanoui.

» J'étais pris par les deux poignets dans un piége tendu contre les renards.

» Le soir vint, et, contre l'usage, le sous-régent ne fit pas l'appel, il ne s'aperçut pas de mon absence ; mes camarades partirent sans moi ; ce ne fut que le lendemain matin, après une nuit de supplice, que le fermier, attiré par mes cris, me délivra et me ramena au collége.

» En cette circonstance, continua M. Dalbis, j'aurais pu

être tué, si, parmi les piéges, j'avais été pris par un de ceux
armés de dents, et qui, plus élevé, aurait pu me saisir la tête
à la hauteur des herbages; mais le ciel n'a pas voulu qu'il en
fût ainsi, me réservant à d'autres épreuves dont le souvenir,
après de longues années, m'attriste encore.

» La grande révolution de 1789 éclata en France au moment
où je continuais mes études; mon père, qui habitait un hameau de la province de l'Anjou, voisine de la Vendée, était
un homme ami du bien et pacifique, que tous les partis qui
déchirèrent alors la France respectèrent même dans les moments les plus difficiles. A l'époque où se passent les faits
que je vais raconter, j'avais onze ans. Un des fermiers de
mon père se nommait Georget; son fils, âgé de dix-sept ans,
avait été désigné pour servir dans les armées de la République. Georget fils n'était pas un lâche, il sentait battre fortement son cœur quand on parlait de la gloire de la France, et
cependant il refusa de servir. C'est qu'alors tout ce que nos
soldats avaient de courage devait se sacrifier dans les combats
contre les Français; c'est que la différence de la cocarde
faisait des ennemis acharnées des enfants du même pays. Georget fils ne voulut pas s'exposer à répandre le sang de ses frères
et de ses amis, il se cacha dans les ravins qui bordaient son
village; il avait des intelligences dans le pays, et ses parents
l'avertissaient, par des signaux convenus entre eux, du passage des soldats chargés de recruter.

» Il avait été dit qu'un ruban blanc, attaché à la croix de
pierre du cimetière du village, annoncerait l'arrivée des soldats de la République et le danger qu'il y aurait pour le
réfractaire à paraître. Un jour, le vieux père de Georget et sa
jeune fille avaient eu soin de placer ce signal à l'endroit
indiqué, et ils étaient rentrés dans leur chaumière, demandant
à Dieu de renvoyer au plus tôt les miliciens, afin de pouvoir
embrasser leur fils et frère. Georget vint le soir s'agenouiller
au cimetière, et ne voyant aucun signe à la croix qui domine
les tombes, il remercia Dieu et prit gaîment le chemin du
hameau.

Civilité.

» Le malheureux ignorait que le fils du seigneur (c'était le nom qu'on donnait, peu de temps auparavant, au plus riche propriétaire du pays ; mais à l'époque où nous plaçons cette histoire, on le prononçait tout bas), le malheureux ignorait, dis-je, que le fils du seigneur avait passé par là, et qu'obéissant à son penchant de toucher à tout, il avait détaché le ruban et l'avait placé sans réflexion sur une tombe isolée.

» A peine le malheureux Georget avait-il fait quelques pas, qu'il est cerné par les républicains et amené à un chef qui le fit placer sous la surveillance d'un sous-officier de maréchaussée chargé de le conduire le lendemain au chef-lieu de bailliage.

» Mon père apprit l'événement avec une profonde tristesse. Je lui fis l'aveu de ma faute involontaire, et il me dit qu'il espérait en moi pour chercher à la réparer.

» Si Georget est envoyé à Angers, il sera immédiatement jugé avec toute la rigueur de la loi républicaine, dit mon père. Le sous-officier de maréchaussée Claude est un homme qui ne manquera pas à son devoir ; il a promis de conduire Georget à la ville demain et de partir à midi. Le matin, il ira, suivant sa coutume, à l'auberge de la veuve Rabou, dont il veut épouser la fille. Si Fanchette peut retenir le brigadier jusqu'à une heure, Georget est sauvé ; car à cette heure les royalistes seront en force pour le délivrer.

» Va, me dit-il, dire à Fanchette de nous servir en cette circonstance ; Georget est son cousin ; elle fera tout pour lui, elle trouvera le moyen de retarder un moment, le départ.

» Vous devez comprendre avec quelle joie j'entrevis le moyen de réparer ma faute, dit M. Dalbis.

» Je racontai tout à la mère Rabou ; je parlai avec feu à Fanchette, et toutes deux cherchèrent un moyen et promirent de le trouver.

» Je ne retournai pas ce soir-là, à la maison de mon père, qui était éloignée. Je couchai à l'auberge de la mère Rabou.

» Le lendemain, à la pointe du jour, j'étais sur pied. Fanchette me dit : « Soyez tranquille, monsieur Henri, nous avons trouvé un moyen ; ne restez pas là pour ne pas donner de

soupçons ; mais allez et venez comme un voyageur ordinaire.»
Mon cœur bondissait de joie et d'espérance.

» A peine étais-je sorti, le brigadier de maréchaussée vint
suivant sa coutume, souhaiter le bonjour à l'aubergiste et à sa
fille ; puis il demanda l'heure et ajouta : « Il faut qu'à midi
précis je parte. » Il ne lui passa pas par l'idée de parler de
Georget. A cette époque, les arrestations étaient choses si
communes, qu'on en tenait à peine note.

» A onze heures et demie on vous avertira, dit Fanchette,
et elle montra la pendule en bois qui marquait dix heures...
Le brigadier jeta machinalement les yeux sur le cadran, et il
s'assit près de la cheminée en préparant sa pipe.

» Aussitôt Fanchette entr'ouvre la porte de bois qui cache
le balancier de la pendule et elle l'arrête. Le brigadier était
un peu sourd, et Fanchette remercia le canon de lui avoir
rendu l'oreille dure, puisque cela pouvait sauver un infortuné.

» Le plan de Fanchette devait réussir. Elle n'aurait fait
marcher le balancier qu'après un long intervalle, et c'eût été
déjà du temps gagné ; son imagination aurait fait le reste.
Malheureusement Fanchette sortit, et malheureusement je
rentrai.

» Après deux ou trois tours dans l'auberge ignorant les
combinaisons de Fanchette, n'entendant pas le bruit habituel
du balancier, j'ouvris machinalement la boîte de la pendule
et je touchai la tige de fer du balancier, puis je me retirai
sans avoir le sentiment de ce que je venais de faire.

» Quand Fanchette rentra, le brigadier était debout devant
la pendule et disait : « Voilà l'heure qui avance, il est temps de
partir. »

» Fanchette écouta le balancier et l'entendit osciller,
elle faillit tomber à la renverse.

» J'entrai pour la seconde fois ; elle me conta ce qu'elle avait
fait ; et moi, je dus avouer que, pour la seconde fois, cette
manie de toucher à tout mettait le pauvre Georget en péril ;
car la pendule allait marquer l'heure du départ. Le seul
espoir qui me restât était en mon père. J'allai me jeter à ses
pieds et lui révéler tous les détails de ma faute.

» Georget passa près de moi, escorté du brigadier. Tous deux me saluèrent; j'eus à peine la force de leur rendre leur salut.

» Mon père employa toute la faveur dont il jouissait près des autorités pour rendre à la liberté Georget. Si celui-ci eût voulu servir dans les rangs des républicains, il était possible de lui faire obtenir grâce; jusque-là il avait répondu : « Je servirai contre les ennemis de mon pays; mais je ne servirai jamais contre des Français. » Et comme il eût été dangereux de faire pour lui une exception que d'autres auraient invoquée à leur tour, il fallait condamner Georget comme déserteur.

» Cependant, mon père obtint la permission de le voir, et moi je voulus accompagner mon père pour demander pardon au pauvre Georget des maux dont j'étais la cause.

» Nous pénétrâmes dans son cachot, escortés d'un geôlier. Georget était calme; il y avait dans son sourire une expression de cette résignation et de ce calme qu'on ne peut éprouver que lorsque la conscience absout le crime que les hommes condamnent.

» Mon père n'était pas homme à conseiller à Georget de changer d'avis sur le refus de se battre contre son pays. Il lui parla de la religion, de la force qu'elle donne dans le malheur.

» J'étais occupé à regarder la nourriture du prisonnier. « Oh! ce pauvre Georget, m'écrai-je, quel vilain pain noir il mange ! » J'avais saisi le pain pour mieux le voir; mais quelle fut ma surprise, il se sépara en deux parts; une des moitiés était creuse, et il s'en échappa un long bout de corde.

« Une échelle de corde pour s'évader ! » s'écria le geôlier. Et à l'instant il nous intima brusquement l'ordre de sortir.

« Il est perdu ! » dit mon père en s'éloignant. « Et par ma faute encore, » ajoutai-je.

» Trois jours après, Georget avait été condamné à être fusillé.

» Une balle tirée par un Français frappa au cœur celui qui aimait mieux mourir que de tuer ses frères. Sa dépouille mortelle fut rapportée au cimetière du village, où sa pauvre sœur avait attaché, pour le sauver, le signal que j'avais si imprudemment enlevé.

» On pleura Georget, et on me plaignit.

» Son vieux père et le mien ne tardèrent pas à descendre dans la tombe. »

— Et la sœur de Georget que devint-elle, mon père? dit avec tristesse le fils de M. Dalbis.

« — Elle devint ma femme et ta mère, Charles. En la prenant pour compagne, je crus remplir un devoir et réparer, autant que possible, une grande faute. »

Ce récit émut vivement le professeur et l'élève. Charles se jeta dans les bras de M. Morard, et ce fut une abjuration muette et éloquente du défaut qu'on avait eu jusqu'à ce jour à lui reprocher.

CONTE VIII.

—

LES JEUNES VOYAGEURS.

M. Derval, employé en retraite, qui a fixé sa résidence dans la ville de Joigny, avait fait venir aux vacances son fils Charles, que sa position de fortune ne lui permettait pas d'élever près de lui, et qu'il a placé au collége de la ville de Poitiers.

Le père de famille avait promis à son fils et à Félicie, sa fille de leur faire visiter la capitale; et pendant la dernière semaine de congé, le frère et la sœur parcoururent Paris, accompagnés de M. Derval, qui leur montra tout ce qui est digne de curiosité et d'admiration dans la métropole de la France.

Quand l'époque du retour au collége arriva, Charles et Félicie se dirent adieu. Charles prit place dans la diligence qui devait le ramener au collége, et M. Derval et sa fille retournèrent à Joigny par le bateau à vapeur de Montereau.

Avant de se séparer, le frère et la sœur promirent de correspondre ensemble, et chacun prit l'engagement d'être exact.

Charles devant arriver le dernier à sa destination, il fut convenu qu'il serait le premier à donner des détails de son voyage à la famille.

Au moment où le jeune écolier monta en voiture, M. Derval s'avança vers quelques voyageurs qui allaient partir et leur demanda de vouloir bien le remplacer près de son fils et le prendre sous leur surveillance. Charles, qui avait reçu de son père et de ses maîtres des principes de savoir-vivre, salua gracieusement les personnes qui lui accordèrent leur tutelle pendant la route.

Félicie avait calculé le temps que son frère devait mettre dans son voyage, et elle n'espérait pas de lettre de lui avant une semaine. En attendant qu'elle reçut des nouvelles, elle s'amusa à rédiger un petit journal de son retour à Joigny, qu'elle se proposa d'échanger avec la relation que son frère ne manquerait sans doute pas de lui expédier quand il serait arrivé à destination. Elle écrivit la lettre suivante :

Joigny, 20 octobre.

Mon père et moi sommes de retour depuis hier ; nous avons fait un heureux voyage et qui n'a pas été sans profit pour moi ; tu vas en juger par le récit que je t'en ferai.

C'était la première fois que je mettais les pieds sur un bateau à vapeur ; car, en venant à Paris, mon père ayant eu affaire en quelques endroits éloignés des bords de la Seine, nous avions fait la route en voiture.

C'est vraiment un jolie séjour qu'un bateau à vapeur ; c'est un monde flottant, et mon père s'est attaché à me faire connaître les règles de politesse et de bienveillance qu'on doit observer pendant la traversée, et les égards qu'on se doit entre voyageurs.

« Là, comme partout, me dit mon père, la société se compose de gens qui semblent vivre pour eux-mêmes et n'ont aucun instinct du joug qu'on doit souvent imposer à ses caprices et à ses habitudes, et il faut qu'une police sévère obtienne par force des concessions qu'on devait être heureux de faire par convenances. »

Cette réflexion échappa à mon père à propos de quelques jeunes gens qui se promenaient, le cigare à la bouche, à l'arrière du bâtiment, place occupée des par dames.

La grosse voix du capitaine du bateau donna ordre, aux termes du règlement, de faire passer ces fumeurs aux secondes places occupées par des voyageurs d'une classe moins élevée, et que leurs habitudes familiarisent avec les vapeurs du tabac.

De temps à autre, je voyais le bateau quitter la ligne droite qu'il suivait au milieu du fleuve, s'approcher du rivage sur lequel des pêcheurs à la ligne et des villageoises étaient occupés à prendre du poisson ou à laver du linge ; des génisses paissaient ou venaient s'abreuver. Quant tout à coup de fortes vagues, roulant vers la berge, inondaient les pêcheurs, les paysannes et les troupeaux, de grands cris de joie partaient du bateau, et quelques voyageurs battaient fortement des mains.

« Ce sont là les jeux des gens grossiers qui manœuvrent le bâtiment, dit mon père, et les passagers devraient rougir d'encourager ces licences, qui troublent le plaisir des gens paisibles ou le travail des gens laborieux. Quelquefois il est arrivé qu'un canot, conduit par des mains inexpérimentées, ou que le batelet d'un tireur de sable a été submergé par l'approche brusque et malveillante d'un bateau à vapeur.

Mon père m'avait expliqué l'ingénieux mécanisme de la chaudière, et il m'avait conduit près de l'ouverture de l'entre-pont où le jeu des leviers est à découvert. Là, il y avait un voyageur que l'on nous dit être un habitué du bâtiment Ce passager, qui avait beaucoup voyagé dans sa vie, avait une singulière et cruelle manie : c'était d'effrayer les personnes avec lesquelles il entrait en conversation, en leur racontant tous les sinistres de la navigation à vapeur dont il avait eu connaissance. Les époques et les dates se rattachaient toujours pour lui à un événement de cette sorte. Lui parlait-on d'un fait politique, il disait : « C'est vers ce temps-là que je vis sauter en Angleterre tel navire. » S'il parlait d'une découverte dans les arts ou l'industrie, il ajoutait : « Elle date à peu près de l'explosion de la chaudière de tel ou tel vaisseau américain. » Mon père écouta le causeur quelques minutes et se retira, déplorant l'étrange travers d'esprit qui porte à inquiéter des compagnons de route qu'il serait si facile de rassurer en mettant à leur portée les preuves de sécurité qu'on peut opposer aux arguments des alarmistes.

Après une courte halte au débarcadère de Melun, le bateau reprit sa route, et mon père nous fit servir à déjeuner sur une jolie petite table dressée dans le salon des voyageurs. Nous nous hâtâmes, parce que nous voyions plusieurs personnes qui se disposaient à nous imiter, et il fallait prendre place chacun son tour, l'espace étant trop étroite et le nombre des tables restreint. Après le repas, je m'occupai à une tapisserie et m'approchai de plusieurs dames âgées qui daignèrent m'adresser quelquefois la parole, et auxquelles je répondis du mieux que je pus.

Il y avait parmi les voyageurs un petit garçon qu'on aurait pu surnommer le tyran du bateau ; il prenait le pont ou le salon pour deux cours de pensionnat ; il allait et venait, gravissant et descendant dix fois par minute l'escalier ; il jouait avec un gros chien qui s'avisa de mordre les broderies des vieilles dames et emporta une partie du déjeuner d'un voyageur qui mangeait en lisant le journal. Le chien, fatigué, se reposa en prenant place sur une banquette, et le petit despote se mit à promener son cerveau, qui s'accrochait à toutes les personnes. Puis il s'arrêta devant moi, me regarda, et me dit d'un air naïf : « Vous êtes bien sage, mademoiselle ; vous devez vous ennuyer? Toutes les dames se prirent à rire. Cet enfant, âgé de neuf à dix ans, avait une physionomie ouverte et l'expression du regard spirituel ; mon père entreprit sa conversion, et une conversation s'engagea.

« Non, mon petit ami, dit mon père, ma fille ne s'ennuie pas, car le travail, quand on l'affectionne, est un plaisir.

— Ce n'est pas amusant de faire toujours la même chose.

— Je suis de votre avis; aussi ma fille met-elle de la variété dans ses occupations.

— Comme moi dans mes jeux : quand je ne veux plus de mon chien, je prends mon cerceau, et quand je ne veux plus de mon cerceau, je rappelle mon chien.

— C'est précisément cela, à la différence près, que votre cerceau et votre chien ne vous donnent que de la fatigue et ne vous laissent pas ce contentement de soi-même qu'on éprouve quand on a bien rempli son temps.

— Et que fait mademoiselle, quand elle a fini de broder ?

— Elle lit ; elle a près d'elle un petit volume qui lui apprend à connaître l'histoire du pays que nous côtoyons ; elle sait quels sont leurs monuments, leurs souvenirs, les grands hommes qui l'ont illustré.

— C'est dans ce petit livre-là qu'elle apprend tout cela? dit en souriant l'enfant. » Et il prit le livre, s'arrêta d'abord aux nombreux dessins qu'il contenait, puis il parcourut le texte, et quand il tomba sur l'histoire de Jacques Amyot, qui, dans sa jeunesse, fut trouvé endormi par des moines dans un fossé aux environs de Melun, son attention fut captivé au point qu'il donna un coup de pied à son chien qui jappait.

Le père du petit liseur, marchand de bois, habitant Fontainebleau, s'approcha de mon père et le remercia d'avoir obtenu du silence et du calme de son fils, et causa des affaires de commerce.

La cloche, signal de l'arrivée à un débarcadère riverain se fit entendre.

« Allons, Félix, dit le marchand de bois, nous voilà à destination.

— Déjà ! dit l'enfant; et il jeta un regard de regret sur l'itinéraire que je lui avais prêté. Mon père comprit une pensée qui me vint; il m'approuva par un sourire, et je dis au petit garçon :

» Si ce livre vous plaît, je vous prie de le garder : vous en terminerez la lecture à votre aise. »

L'enfant sauta de joie, et s'écria, en s'adressant à son père ;

« Veux-tu que j'embrasse la petite demoiselle ? »

Le marchand de bois fit observer à son fils qu'il eût été mieux de me demander la permission d'abord. Son fils comprit à peine sa réponse, et il me sauta au cou. Il était si heureux du présent, qu'il oublia son cerceau ; un marinier voulut le jeter à terre, mais il tomba dans l'eau, et l'enfant le vit prendre le courant en faisant un geste d'indifférence.

Les vieilles dames félicitèrent beaucoup mon père de la conversion miraculeuse qu'il avait opérée.

J'aurais eu le désir de savoir si les bonnes dispositions du fils du marchand de bois se conserveraient dans l'avenir, et je demandai à mon père pourquoi il n'avait pas sollicité de l'habitant de Fontainebleau la permission de lui faire visite quand il passerait dans son pays.

Mon père me dit que les relations entre les voyageurs ne devaient pas, en règle générale, s'étendre plus loin que le voyage. Chacun, en route, cherche à payer sa dette d'amabilité et de bons rapports pour rendre le trajet plus agréable ; mais nul ne se met assez à découvert pour qu'on puisse juger, sur les apparences, si on peut former avec lui une liaison honorable. Au premier mot, au moindre mouvement, on reconnaît l'homme qui a reçu une bonne éducation ; mais ce n'est pas en quelques heures ou en quelques jours qu'on peut juger si un homme a de bonnes mœurs. Voilà pourquoi il faut éviter les liaisons faites trop rapidement, et craindre de se laisser entraîner aux sympathies qu'inspire un compagnon de voyage.

Tu vois, mon frère, que mon père a souvent trouvé l'occasion d'éclairer mon esprit et de former mon intelligence pendant la *traversée* de Paris à Montereau : j'emploie en plaisantant le terme de marine que je souligne.

De Montereau à Joigny, nous avons fait la route dans le cabriolet de mon oncle Dejean, qui est venu à notre rencontre.

Félicie en était là de sa lettre, elle allait la terminer, et croyait être de beaucoup en avance de correspondance avec son frère, quand elle reçut une lettre de lui datée de *Tours*

M. Derval la remit décachetée à sa fille, et la lui tendit en continuant la lecture d'une autre lettre qu'il venait de recevoir en même temps et qui semblait vivement l'impressionner.

Félicie prit avec un transport de joie la lettre de son frère, et elle lut :

Ma chère sœur,

Je devance de quelques jours le moment où je devais t'écrire. Je fais une halte dans la ville de Tours, qui est à peu près à moitié chemin de ma destination. Une dame respectable, qui était dans la diligence, s'est trouvée indisposée au point de ne pouvoir continuer sa route, et comme elle a eu pour moi beaucoup de bontés, j'ai cru pouvoir rester près d'elle pour seconder les soins qu'on lui donne, et remplacer autant que possible, un de ses fils, dont elle regrettait vivement l'absence. Un voyageur s'étant trouvé prêt à prendre ma place, j'ai obtenu du conducteur une autre place à ma disposition quand je pourrais continuer mon chemin, ce qui ne tardera pas, je l'espère.

La dame sur laquelle je veille repose en ce moment; je profite de son sommeil pour commencer le journal de mon voyage que je t'ai promis.

Au départ de la diligence, le conducteur fit appel de six personnes, moi compris, qui avions place dans l'intérieur de la voiture. Nous partîmes; mais bientôt nous nous aperçûmes qu'il y avait avec nous deux voyageurs de contrebande et non inscrits, échappés sans doute à la surveillance. Ces deux voyageurs en supplément étaient un gros chat angora qu'une dame avait tenu caché sous sa pelisse; l'autre voyageur, qui sortait d'un sac de nuit que son maître avait placé près de lui, était un chien d'une assez forte espèce. Cet animal se trouva si heureux de sa mise en liberté, qu'il manifesta sa joie en se jetant de droite à gauche sur nous. Le propriétaire du chien fit de vains efforts pour modérer les ébats du quadrupère, qui se rendit de plus en plus importun. Mais ce fut bien une

autre scène quand le chien eut aperçut le chat : les deux
antipathies se manifestèrent subitement, et les adversaires
tentèrent de franchir tous les obstacles et mordirent les jambes des voyageurs qui les séparaient. C'étaient des aboiements,
des cris sourds et menaçants de part et d'autre, puis des sauts,
des soubresauts, des feintes, des bonds, que nous ne parvîn-
mes à comprimer qu'à l'aide du conducteur, qui, au troi-
sième relais, interposa son autorité.

« J'ignorais que monsieur eût un chien, dit la voyageuse.

— » Je ne savais pas que madame eût un angora, » répliqua le voyageur. Et peu s'en fallut que les deux maîtres
des quadrupèdes ne renouvelassent la lutte de leurs animaux.

Enfin, le maître du chien consentit à placer son animal
sur l'impériale, et la voyageuse obtint de conserver son chat
dans la voiture jusqu'à la ville d'Étampes, peu éloignée, et
lieu de sa destination.

Un gros homme remplaça bientôt la voyageuse, et à peine
eut-il pris place, qu'il s'endormit profondément et fit entendre des ronflements qui étouffaient le bruit des roues de la
voiture, de temps en temps il se réveillait, et, regardant ses
compagnons de route, il disait : « Quand je ne fume pas, il
faut que je dorme. » Et comme il ne lut sur aucune physionomie la permission qu'il semblait adroitement demander,
nous en fûmes quittes pour entendre continuer le concert
discordant du dormeur.

Un autre voyageur semblait dévoré du besoin d'épancher
son érudition historique. A chaque localité que nous traver-
sions, il toussait, prenait une prise de tabac, et disait, sans
être interrogé : « En tel lieu se passa en telle année, tel événement. » C'était de préférence à moi que ce docteur s'adres-
sait. Quand nous arrivâmes à Orléans, il était nuit ; j'avais
cédé un moment au besoin du sommeil, et j'avais pris mes
précautions pour ne pas être importun aux autres en perdant
l'équilibre. Je me sentis tirer la manche.

« Nous voici à Orléans, mon jeune ami, me dit le narrateur.

— » Ah ! fis-je un peu contrarié de cette interpellation. »

Et le voyageur, prenant une voix pareille à celle de ces hommes qui donnent l'explication des figures de cire, à la foire, ajouta d'un ton compassé :

« La ville d'Orléans est célèbre dans l'histoire par les victoires de Jeanne d'Arc. Cette jeune fille qui délivra la France du joug des Anglais sous Charles VII... »

Quand la voiture eut repris sa course, l'intrépide narrateur garda quelques instants le silence ; puis il éleva encore la voix et dit : « Nous voilà à peu près à la hauteur du village de Notre-Dame-de-Cléry. » Et il ajouta :

« Ce village est célèbre par son abbaye, où le roi Louis XI fut enterré... »

Quand nous entrâmes dans la ville de Blois, nous eûmes encore à endurer les récits historiques de notre compagnon de voyage.

Heureusement, la diligence arrêta à l'hôtel, et chacun de nous prit place à la table d'hôte.

J'allais continuer et te tracer le tableau d'un dîner de voyage, quand la dame dont je t'ai parlé au commencement de ma lettre, me fit appeler dans la chambre où je croyais qu'elle reposait. Elle avait écrit une lettre qu'elle pliait ; et, en me remerciant d'avoir veillé près d'elle dans une chambre voisine, et me demanda comment j'avais occupé mon temps.

« J'écrivais à ma sœur, lui répondis-je.

— Votre lettre est-elle terminée ?

— Pas encore, madame ; j'ai à dire à ma famille pourquoi je fais séjour en cette ville, et à donner quelques détails de mon voyage.

— Je me suis chargé de ce soin, mon jeune ami, reprit la dame ; je crois même que j'en ai dit plus que vous n'auriez pu le faire. Tenez, expédiez cette lettre à monsieur votre père, et terminez rapidement la vôtre, ou plutôt envoyez-la telle qu'elle est, car le courrier va partir, et nous perdrions vingt-quatre heures. » Elle ajouta en souriant : J'ai hâte que ma lettre arrive, car j'attends une prompte réponse. »

Je t'adresse donc, ma chère sœur, mon épître à moitié

écrite, et en même temps mon père recevra celle de la dame
malade, à laquelle je vais continuer mes soins.

J'embrasse mon père et toi tendrement.

CHARLES.

Félicie, après avoir lu la lettre de son père, regarda
M. Derval, qui cherchait à cacher l'émotion qu'il éprouvait.
Il attira sa fille sur son cœur, et lut à haute voix la lettre
qu'il venait de recevoir.

Monsieur,

Dès que vous avez eu présenté votre jeune fils, au moment
du départ de Paris, en me demandant pour lui ma bienveillance, je me sentis attirée vers ce jeune homme par ses bonnes manières et le respect qu'il témoigna aux personnes qui
vous promirent de le regarder comme leur enfant. Je suis
mère, et il me serait doux d'entendre un étranger dire de
mon fils tout ce que j'ai à dire du vôtre. J'ai beaucoup
voyagé, et jamais je n'ai rencontré un jeune homme qui eût
plus l'intelligence de la politesse et des égards qu'on doit
aux dames et aux vieillards.

Le jeune homme occupait de droit un des coins du fond
de la voiture, ma place était dans un angle en face de lui.
A peine fus-je assise, qu'il s'empressa de m'offrir sa place, dans
la crainte que le mouvement en ce sens ne me fût incom-
mode. Je refusai, car je suis d'une humeur à me contenter
de tout, en voyage et ailleurs, et je me suis fait une étude
de ne jamais être importune ni exigeante, car j'ai remarqué que la plupart des hommes tiennent souvent plus que
nous à la jouissance de leurs aises, qu'ils nous sacrifient par
étiquette plutôt que par la galanterie. Je refusai donc M. Charles. Il s'avisa d'un stratagème pour forcer mon adhésion. A une
côte, le conducteur était à pied, le jeune homme l'appela et
lui demanda si on ne pouvait pas lui donner une place dans

l'impériale. Ce n'était évidemment pas pour voir le paysage, la nuit arrivait, et elle menaçait d'être froide ; j'en fis l'observation à mon galant compagnon de voyage, et je dis : « Faisons un arrangement ; je vais prendre votre place à une condition : c'est que vous occuperez la mienne. »

Il sourit et accepta.

Nous avions eu, en montant en voiture, deux compagnons de route sans gêne, qui s'étaient fait accompagner d'animaux d'un caratère antipathique et d'humeur guerroyante. J'eusse été plusieurs fois atteinte et peut-être blessée sans l'intervention de mon jeune chevalier, qui reçut, en me défendant, une assez profonde morsure....

« Il ne m'avait pas dit cela dans sa lettre ! s'écria Félicie. » Et M. Derval continua la lecture :

Après une nuit pendant laquelle chaque voyageur paya plus ou moins sa dette au sommeil, je me réveillai au point du jour, et j'aperçus votre fils occupé à tenir la tête de mon voisin de gauche dont les oscillations menaçaient mon épaule : un fils n'aurait pas eu de plus ingénieuses attentions pour sa mère. Chaque fois qu'il fallait descendre de voiture ou y monter, je trouvais une main prête à me servir d'appui ; c'était celle de votre Charles.

Nous dînâmes à Blois, et parmi les convives il y avait de ces affamés sans usage qui regardent une table d'hôte comme un pays livré au pillage, et qui ne pensent qu'à faire un copieux festin, sans s'inquiéter si les autres seront servis. Un de ces gourmands avait placé sur son assiette un poulet, et après lui avoir enlevé les deux ailes, il avait remis la volaile sur le plat. Mon cavalier servant, feignant de se tromper sur la destination des deux morceaux de choix que gardait le voyageur, lui dit en me regardant : « Madame vous remercie bien, monsieur ; mais elle n'acceptera qu'une seule aile. »

Tout le monde se mit à rire, et le gastronome ne put faire autrement que de m'offrir ce que, sans doute, il ne me destinait pas.

Un fait plus grave se passa pendant le repas. Un des habitués, pensionnaire de la table, parlait très haut et d'un ton tranchant de plusieurs personnes absentes qu'il désignait par leur nom.

Il se disait victime de sa bonne foi dans les affaires, et il accusait de ses pertes un négociant de Poitiers, contre lequel il ne ménageait pas les épithètes injurieuses, et il finissait toutes ses phrases en déclinant le nom de Durand, qui était celui de ce négociant.

« Vous connaissez M. Durand, de Poitiers? dit un des convives à ce causeur infatigable.

— Trop pour mon malheur, répond le convive.

Eh bien! monsieur, ce M. Durand est le père d'un de mes amis, et si son fils était ici, il vous jetterait immédiatement à la porte et je le ferais moi-même si j'avais aussi bien la force que le courage. »

Savez-vous, monsieur, quel était le défenseur si ardent d'un absent attaqué? C'était un jeune homme de treize à quatorze ans, retournant au collège; enfin, c'était votre fils qui donnait une aussi verte leçon à un homme qui, s'il n'était pas un menteur, était du moins un impoli et un être mal élevé, dont le moindre tort était de parler indiscrètement de choses graves devant des personnes inconnues, qu'il ne devait pas prendre pour confidentes ou pour juges des fautes d'autrui.

Cette dernière action de votre fils, monsieur, révèle en lui une de ces âmes qu'on doit trouver bien heureux de pouvoir cultiver.

Charles, dont j'ai gagné la confiance, m'a fait quelques confidences, quand, tombant malade à Tours, je ne pus continuer ma route et que je lui disais : « Je serais bien heureuse si j'avais près de moi mon fils. »

Il me répondit : « Je serais bien content de le remplacer près de vous et de séjourner ici pour veiller aux soins qu'on vous donnera. » Il ajouta tristement : « Mon père ne pourrait pas me payer une seconde place dans la diligence, si je la quitte ici; mais je vais tâcher de trouver un voyageur qui

Civilité.   6

parte et me rembourse. » Je le laissai aller, émue vivement, et bientôt après il revint frappant des mains et me dit :

« Madame, je reste avec vous. »

Puisque le hasard, m'a rendue dépositaire d'un secret de famille, me pardonnerez-vous, monsieur, de vous adresser une prière, que ma position de malade appuiera, j'espère près de vous.

Ma santé a éprouvé de nombreuses atteintes. L'air d'Italie m'est depuis longtemps commandé par la médecine. Mon fils voyage dans le Nord avec son père, et je ne puis me décider à m'expatrier seule. Si j'avais pour compagnon de voyage à l'étranger le jeune homme qui est près de moi aujourd'hui, malgré mes cinquante-cinq ans j'entreprendrais le voyage, j'adjoindrais un précepteur à notre petite caravane, et après quelques mois, à mon retour en France, j'obtiendrais du ministre une bourse à un collége de Paris pour mon compagnon de voyage. Voulez-vous, monsieur, que Charles continue près d'une pauvre invalide les pieuses fonctions qu'il s'est imposées. Vous feriez, je crois, deux heureux, car votre fils s'habituerait, j'espère, à m'appeler sa mère. J'attends une réponse de vous avec la plus grande impatience.

Recevez, monsieur, l'expression de mes sentiments de distinction.

La comtesse Dubourg.

Tours, le....

Huit jours après cette lettre, madame la comtesse Dubourg, femme d'un consul en mission dans une ville du Danemark, prenait la route de Florence avec Charles Derval, qui data bientôt de Livourne sa seconde lettre à sa sœur.

Charles et Robert.

CONTE IX.

—

CHARLES ET ROBERT.

M. Bonneville, riche propriétaire, que des infirmités rendaient forcément sédentaire, était resté veuf avec un fils dont il aurait désiré pouvoir surveiller activement l'éducation. Ce fils se nommait Charles. Aucun soin ne lui manquait, aucun genre d'étude ne lui était refusé par son père ; mais si M. Bonneville pouvait exercer un contrôle paternel sur son fils quand l'enfant était au logis, cette tâche devenait plus difficile au dehors.

Le père de Charles, retenu pendant des mois entiers à son appartement par l'état de sa santé, était obligé de confier son fils à des soins étrangers. Il n'avait pas cette satisfaction qu'éprouvent certaines familles d'avoir près d'elles des domestiques qui ont vieilli sans changer de maîtres, et qui ont pour ainsi dire, conquis par leur fidélité et leur dévouement, le droit de parenté avec les personnes qu'ils servent. Il était obligé d'avoir recours à des serviteurs mercenaires dont le zèle et la probité n'étaient que faiblement garantis par les témoignages et les certificats que les maîtres accordent facilement aux domestiques dont ils veulent se débarrasser. C'était sous la conduite et la surveillance d'une bonne, que Charles allait souvent dans les promenades publiques, se livrer aux jeux qui exercent le corps, sortes de récréations que M. Bonneville autorisait, parce qu'il connaissait l'influence avantageuse qu'elles ont sur la santé, quand elles sont prises modérément.

Le père de Charles recommandait souvent à Justine, ainsi se nommait la domestique, de veiller à ce que son fils ne contractât pas de mauvaises habitudes; mais Justine, qui ne voyait dans les promenades aux Tuileries, aux Champs-Elysées et au Luxembourg, qu'un sujet de distraction pour elle, et qu'une occasion de se réunir aux autres domestiques, se préoccupait peu de l'important patronage qu'un père lui confiait. Elle prenait place sur un banc, se livrait à la conversation, dont la médisance faisait souvent les frais, et plus d'une fois il arriva qu'au moment du retour, Charles s'était écarté au point d'inquiéter Justine, qui parcourait tout le jardin en cherchant le fugitif, et s'en allait le demandant à tous les inspecteurs et aux personnes qu'elle rencontrait.

Au nombre des enfants qui, d'habitude venaient aux Champs-Elysées, il y en avait un qui se faisait remarquer par son adresse à tous les exercices. Il excellait surtout au jeu de balle, qui était le passe-temps favori de Charles. Cette sympathie de goût amena un approchement entre le fils de M. Bonneville et le jeune habitué des Champs-Elysées, qui se nommait Robert. Bientôt Charles et Robert devinrent inséparables. Chaque jour de congé, Charles demandait à Justine de le conduire là où il était certain de rencontrer son ami ; car Robert semblait beaucoup plus libre de ses actions que Charles; il n'était jamais accompagné, il venait seul à la promenade, rentrait seul et disait à son compagnon de jeu que sa mère habitait une maison du voisinage.

Plusieurs fois Charles avait parlé à son père de son jeune ami, et M. Bonneville, questionnant Justine sur les qualités de Robert, avait reçu des réponses si satisfaisantes, qu'il ne s'alarmait pas sur la liaison contractée par son fils ; seulement il se proposait d'apprécier les choses par lui-même quand sa santé, qui semblait se rétablir, lui permettrait de conduire son fils à la promenade.

Souvent Charles rentra joyeux d'avoir reçu un cadeau de son ami : tantôt c'était une petite épingle en or, tantôt c'était un crayon d'argent habilement sculpté, que Robert apportait à Charles au lieu de la réunion.

« Maman m'a dit de te donner cela de sa part, » disait Robert.

Ou bien Robert affirmait avoir reçu d'un de ses parents deux objets pareils, et il s'empressait de partager avec son ami.

M. Bonneville désirait vivement le moment où il pourrait sortir. Il avait l'intention de faire une visite de remerciement à la mère de Robert, et en attendant qu'il réalisât ce projet, il voulut que son fils ne restât pas en arrière de présents avec son camarade, et il fit offrir par Charles, à Robert, un porte-feuille-écritoire avec tous ses accessoires en vermeil.

Ce qui plaisait surtout en Robert, c'était son excessive politesse, et ce qui valut la bienveillance de Justine, c'est que jamais il n'emmenait Charles loin de sa surveillance, sans lui en avoir demandé la permission, que Justine ne refusait pas ; et quand elle l'avait accordée, Robert, qui semblait affectionner les endroits écartés, les hautes maisons pour jouer *à la balle au mur*, s'éloignait avec son ami et revenait à l'heure prescrite par la domestique.

Quand on demandait à Robert pourquoi il cherchait les lieux isolés pour se livrer au jeu, il répondait que la présence des curieux gênait au jeu de balle, et d'ailleurs il fallait qu'il trouvât des maisons où l'espace entre les fenêtres fut assez large pour faciliter son exercice favori.

Souvent un vieux mendiant, qui semblait l'hôte habituel de cette partie des Champs-Elysées, s'approchait de Robert et lui parlait bas.

« Merci Robin disait joyeusement Robert, et il appelait

Charles, en lui désignant un lieu propre à la partie de balles, que Robin avait découvert, et chaque fois Robin recevait pour salaire une petite pièce d'argent.

Aussitôt que Robert avait changé de place, Robin, boiteux, marchant à peine, le suivait de loin, et venait s'asseoir au pied d'un arbre faisant vis-à-vis à la maison qu'il avait désignée.

Un jour, Charles, arriva à la promenade plus tard que de coutume ; il trouva Robert tout haletant de fatigue, son visage en feu était couvert de sueur, et le mendiant, suivant sa coutume, était assis sur les racines à fleur de terre d'un gros arbre.

« J'ai joué plus de trois heures à la balle, dit Robert à son ami, elle s'est logée trois fois et à trois étages différents ; mais c'est égal, j'ai fait une belle partie ! »

Ce jour-là était un dimanche ; les deux enfants, en se séparant, se promirent de se revoir le jeudi. Robert fit présent à Justine d'une jolie croix d'or à la Jeannette, il la pria de suspendre ce bijou à son cou en souvenir de lui. Ce cadeau rappela à Charles que son père l'avait chargé de demander à Robert l'adresse de sa mère. Robert répondit : « Rue Ponthieu, n° 16, au premier. » A son retour, Charles donna cette adresse à son père, qui l'inscrivit sur son album.

Le jeudi arrivé, Charles et Robert se trouvèrent presque en même temps au rendez-vous.

« Viens vite, viens vite ! » dit Robert à Charles aussitôt que Justine fut installée sur son banc au milieu des bonnes d'enfants ; et Robert entraîna Charles avant qu'il eût le temps de s'informer si Justine avait permis qu'il s'éloignât. « Nous allons entreprendre une caravane extraordinaire !

— Où ? demanda Charles.

— Suis-moi, tu le sauras. J'ai d'abord une course à faire pour ma mère ; accompagne-moi. »

Et pendant ce dialogue, les enfants avaient atteint l'angle d'une rue qui débouchait aux Champs-Elysées, Robert s'était élancé dans un cabriolet qui stationnait là ; Charles l'avait suivi, le plaisir d'aller en voiture lui faisait oublier en ce moment la faute qu'il commettait.

A peine un quart d'heure était-il écoulé, que Charles et Robert se trouvèrent au chemin de fer de la rue Saint-Lazare, avant que le fils de M. Bonneville ait eu le temps d'adresser une question à Robert.

Il était enfermé dans un wagon, le coup de sifflet de départ se faisait entendre, la vapeur mugissait, et les deux fugitifs étaient en route pour Versailles.

« Mais Robert, Justine va être inquiète de moi ! Et si mon père, qui commence à marcher, vient aux Champs-Elysées et qu'il ne m'y trouve pas, que pensera-t-il ?

— Tranquillise-toi, Charles, nous serons revenus dans deux heures, et nous retrouverons Justine à peine à moitié de l'histoire qu'elle racontait à ses camarades.

On arrive à Versailles.

A peine les deux enfants eurent-ils fait quelques pas, qu'ils virent paraître au coin d'une rue le mendiant des Champs-Elysées, qui semblait attendre.

Cette apparition causa à Charles un saisissement dont il ne fut pas le maître.

Robin s'approcha mystérieusement de Robert, et lui parla à l'oreille.

« Allons, Charles, doublons le pas ; Robin vient de me dire où est le lieu du concours. Mais, ajouta Robert, avant de nous présenter il faut nous essayer ; voici un emplacement qui me paraît convenable. »

Les enfants traversaient en ce moment le boulevard qu'on nomme l'Avenue de Paris, et ils étaient arrivés devant une maison de belle apparence, dont toutes les fenêtres étaient ouvertes.

Robin, qui avait rejoint Robert, se plaça, suivant son habitude au pied d'un arbre.

Robert tira de sa poche plusieurs balles, en lança une contre le mur, et quand elle eut fait plusieurs bonds sur elle-même, il l'a dirigea de nouveau vers la maison ; la balle pénétra par la fenêtre, et en même temps Robert en envoya trois autres dans la même direction, elles parvinrent toutes dans l'appartement.

« Bravo ! » s'écria le mendiant. Charles ne comprit pas cette marque d'approbation donnée à une maladresse.

Cependant Robert s'était élancé vers la porte cochère de la maison ; il avait frappé du marteau, et un vieux concierge était venu ouvrir.

Robert conta au portier sa mésaventure, et le supplia de vouloir bien lui donner les moyens de retrouver ses balles.

« C'est facile, mon petit jeune homme, répondit le concierge : les maîtres de l'hôtel sont partis depuis trois jours pour la campagne ; mais comme c'est moi qui ai les clefs et qui donne de l'air, je vais vous conduire. »

Un long délai expira avant que Charles, qui était sous la fenêtre, entendit, ou aperçut du mouvement à l'intérieur ; personne ne paraissait à la fenêtre ; le mendiant, immobile à sa place et l'œil fixé sur la maison, semblait être sous une impression d'attente inquiète.

Enfin, quelqu'un paraît à la fenêtre ; ce n'était ni Robert ni le concierge ; le mendiant se leva avec précipitation, prit la fuite autant que ses jambes le lui permirent, et, quand il fut éloigné, Charles crut voir un homme agile se mettre à sa poursuite.

Charles se hasarda d'appeler Robert.

L'individu qui était à la fenêtre répondit :

« Il ne peut trouver ses balles, montez, vous l'aiderez dans sa recherche. »

Charles se dirigea vers la maison, franchit l'escalier ; la porte s'ouvrit devant lui, se referma brusquement, et une voix rauque prononça ces mots avec un long ricanement :

« *Nous tenons enfin les oiseaux dans la cage.* »

L'homme qui s'était montré à la croisée était un agent de police ; Robert était arrêté comme *voleur* cherchant, à l'aide de balles, à s'introduire dans les domiciles ; et Charles était en prévention de complicité.

Charles et Robert furent conduits dans les prisons de la ville.

Que devenaient pendant ces événements M. Bonneville et Justine ?

Justine, ne voyant pas revenir Charles, se mit à la recherche des deux camarades ; elle interrogea vainement les promeneurs, elle parcourut tous les lieux où les enfants ont coutume de jouer ; et quand la journée fut avancée au point de n'avoir plus l'espoir de ramener le fils de M. Bonneville, elle pria une de ses amies d'aller voir si Charles n'était pas revenu au domicile paternel.

Sur la réponse négative, Justine n'osa plus reparaître chez son maître ; elle conçut le projet de retourner dans son pays.

Le jour choisi par Robert pour entraîner Charles était précisément celui que M. Bonneville avait marqué pour aller faire une visite à la mère de Robert. Il s'achemina vers la rue Ponthieu. Arrivé à la maison désignée, madame Robert n'y était pas connue. Peut-être, pensa le père de Charles, est-ce là le nom de baptême du jeune homme ; et il revient sur ses pas pour demander des renseignements qui puissent faciliter sa recherche : la dame que M. Bonneville demandait était veuve, et mère d'un écolier âgé de treize ans, qui d'habitude allait seul à la promenade. Le concierge ni les portiers voisins ne purent rien dire de satisfaisant à cet égard.

M. Bonneville allait rentrer ; il lui prit fantaisie de faire une promenade aux Champs-Elysées : peut-être y trouverait-il encore son fils et son jeune camarade. Il rencontra Justine, désolée, qui lui apprit la disparition de Charles.

Le père du fugitif fit une sévère réprimande à la domestique ; mais il lui pardonna, dans l'espoir de la trouver à l'avenir plus exacte et plus sévère dans l'accomplissement de ses devoirs.

La nuit s'écoula ; Charles ne revint pas. Son père était dans des angoisses difficiles à peindre.

Dès le point du jour, M. Bonneville se rendit chez le commissaire de police de son quartier, qui était un de ses anciens compagnons d'études, il vint lui demander conseil.

« Mon ami, je sais le sujet de vos peines, » lui dit le magistrat, qui avait déjà connaissance de l'arrestation faite à Versailles. Et il donna à M. Bonneville tous les détails de

cette affaire, ajoutant à ce fait le récit exact que Charles avait
fait de tout ce qui s'était passé depuis qu'il avait lié connaissance avec Robert.

« Votre fils n'est pas coupable, mon ami ; Robert lui-même,
enfant perdu de vices sous les plus beaux dehors, a déchargé
Charles de toute la honte. Votre fils a couru le danger
d'être perverti par le mauvais exemple, mais il est encore
digne de votre estime ; de la vigilance paternelle dépend son
avenir ; il doit être déjà mis en liberté, ajouta le magistrat, et
j'ai donné ordre qu'on me l'amenât. »

Charles ne tarda pas à paraître, il avait la rougeur sur le
front. Il tomba aux pieds de son père, qui crut convenable
de ne rien ajouter aux paroles sévères que le magistrat prononça. Tout ce qu'il aurait pu dire eût été plus faible, comme
leçon, que le danger que venait de courir le jeune homme ;
car une condamnation judiciaire aurait pu le frapper et
peser sur toute sa vie ! Charles comprit alors combien sont
dangereuses les liaisons faites loin des yeux des parents et
en dehors de leur surveillance, et il se promit bien d'être très
réservé à l'avenir sur le choix de ses amis.

CONTE X.

—

L'ÉGLISE L'HOSPICE ET LES TOMBEAUX.

Pendant une absence que madame Nanteuil fut obligée de faire pour régler des intérêts de famille, elle avait confié Cécile et Adèle, ses deux jeunes filles, aux soins pieux et à la tendresse vigilante de la sœur Marthe, sa parente. La religieuse habitait une petite ville des environs de Paris, et avait son domicile dans une de ces maisons hospitalières que la charité a élevées pour le soulagement du pauvre et l'éducation des enfants du peuple.

Quand Cécile et Adèle arrivèrent dans l'humble habitation de sœur Marthe, la bonne religieuse remarqua l'étonnement produit sur les deux enfants par l'extrême simplicité de son ameublement. Elle les prit par la main, et leur dit en souriant : « Notre premier devoir est de vivre fidèles à la règle que nous a tracée saint Vincent de Paul, le saint fondateur de notre ordre. Il a dit : « La fille de charité doit avoir pour monastère les maisons des malades, pour cellule une chambre de louage, pour chapelle l'église de la paroisse, pour cloître les rues de la ville ou les salles des hôpitaux, pour clôture l'obéissance, et pour grille la crainte de Dieu. »

Sœur Marthe ajouta : « Vous vous habituerez, mes enfants, à notre douce vie, et vous verrez qu'elle a quelque charme ; votre séjour ici ne sera pas non plus sans fruit. Je me ferai un devoir et un plaisir de compléter quelques parties de votre éducation religieuse qui sont peut-être encore impar- faites, et je vous enseignerai des jouissances que vous n'avez pas encore éprouvées. »

Il y avait à peine une heure que Cécile et Adèle étaient installées chez sœur Marthe, quand on entendit sonner la messe à la cloche de la paroisse. Les deux jeunes filles deman- dèrent à faire un peu de toilette, non par un sentiment d'or- gueil ; mais madame Nanteuil avait habitué ses enfants à se présenter dans le temple saint d'une façon convenable ; elle avait coutume de leur dire que puisqu'il était dans les règles de la civilité de se parer quand on faisait une visite aux grands de la terre, ce devait être une obligation de venir à la maison du Seigneur avec une mise sans négligence. Chaque jeune fille prit son livre de messe afin de pouvoir suivre l'ordre des prières.

Sœur Marthe, Cécile et Adèle se rendirent à l'église en obser- vant en route le silence, et s'abstenant de faire attention à tout ce qui aurait pu être un sujet de distraction et d'amuse- ment.

Sœur Marthe n'eut qu'à se louer de la bonne tenue de Cécile et d'Adèle ; seulement, à la distribution du pain bénit, elle remarqua qu'Adèle, la plus jeune des deux, avança pré- cipitamment la main vers la corbeille, comme si elle eût cédé à un mouvement de gourmandise. Un regard de la religieuse avertit la jeune fille de sa faute.

Après l'office, sœur Marthe eut la pensée de faire une légère réprimande à la coupable ; elle commença en disant que le pain bénit, étant un symbole du repas de Jésus-Christ et des apôtres, ne pouvait être un appât offert à l'appétit sans discer- nement et sans une pensée religieuse, et qu'il devait être accepté avec respect et recueillement. La jeune fille n'attendit pas que la religieuse continuât la conversation sur cette matière ; elle prit l'avance pour se justifier, et dit à la religieuse :

« Ma sœur, quand j'ai désiré deux morceaux de pain bénit, tous les deux n'étaient pas pour moi : il y en avait un que je destinais à un pauvre vieillard placé près de nous, et trop faible pour porter la main à la corbeille. » La sœur Marthe embrassa Adèle, et s'accusa d'erreur. « Je n'ai pas pu saisir ton intention, mon enfant, ajouta-t-elle, parce qu'au moment de la distribution du pain bénit, je fus distraite par l'arrivée de plusieurs étrangers qui entrèrent dans l'église, non pour prier, mais pour visiter ce saint monument. Je reconnus un riche propriétaire des environs, qui souvent fait de nombreuses aumônes à nos pauvres, et j'étais au moment de lui dire qu'il n'était pas convenable de se promener dans l'église quand tous les fidèles sont à genoux, et de s'occuper d'architecture et de tableaux aux heures des prières. Mais lorsque l'église est déserte, que l'orgue est muet et que le prêtre s'est retiré du sanctuaire, c'est alors seulement qu'il doit être permis de visiter les églises en artiste et en curieux.

» J'ai pensé qu'il valait mieux garder le silence en cette occasion, de peur de donner de la distraction à ceux qui accomplissaient leurs devoirs religieux. Mais, continua sœur Marthe, le coupable n'y perdra rien pour attendre ; il recevra sa leçon, et je lui ferai faire amende honorable, en exigeant le double de la première offrande qu'il remettra à nos indigents ou à nos infirmes. »

Un goûter frugal avait été servi chez le curé de la paroisse. Sœur Marthe présenta ses petites amies au vénérable pasteur, qui avait désiré les voir ; il reçut les jeunes filles avec une bonté paternelle. La conversation fut instructive et amusante ; le bon curé fit les honneurs du presbytère avec cette gaieté qui est un reflet du calme et de la pureté de l'âme. Quand la table fut levée, une grande bibliothèque s'ouvrit ; le bon vieillard la livra tout entière à la curiosité des deux enfants, bien certains qu'il n'y trouveraient que des leçons de cette douce morale évangélique dont il était un des dignes apôtres.

« Lisez, mes enfants, leur dit le bon curé ; il y a là embar
ras du choix dans les bonnes choses. » Et il se retira dans sa
chambre pour se livrer à la prière.

Sœur Marthe aidait les enfants dans la recherche d'un
ouvrage à leur portée, et déjà Cécile, la plus jeune, avait
adopté un gros volume orné d'images qu'elle feuilletait avec
empressement. Une autre religieuse survint, et avertit sœur
Marthe que sa présence était nécessaire à l'hospice placé sous
sa surveillance.

« Bonne sœur, permettez-moi d'aller avec vous, dit Adèle.

— Un hôpital est un pénible spectacle pour un enfant, dit
sœur Marthe ; mais il y a dans la douleur un enseignement
dont on peut profiter : la souffrance des autres fait naître le
germe de la pitié qui engendre la bienfaisance. »

Elle tendit la main à Adèle, et toutes sortirent laissant Cécile
occupée à la lecture d'un livre qui semblait vivement l'intéresser.

Le motif qui avait nécessité la présence de la sœur Marthe
à l'hôpital était un acte de rébellion de la part d'un jeune
homme qui demandait à voir son père malade, et qui, malgré
les règlements voulait lui porter des aliments. On en était
venu à employer la force pour repousser l'attaque du visiteur. A la vue de sœur Marthe, le jeune homme perdit de son
assurance : il balbutia quelques mots pour justifier sa conduite.

« Ma sœur, dit-il, on veut m'empêcher de voir mon père.

— Non, mon ami, on ne veut pas t'empêcher de voir ton
père, malade : la piété filiale est une vertu que nous aimons
trop, pour ne pas lui donner tous les moyens de se manifester ;
on t'empêche seulement de te mettre en contravention avec
nos règlements, en apportant des vivres qui seraient nuisibles
aux malades.

— Il a faim, ma sœur, et il faut qu'il mange.

— C'est ton opinion ; celle des médecins est qu'il a faim, et
qu'il faut au contraire qu'il ne mange pas.

— C'est si peu de chose, » dit le jeune homme en ôtant
l'enveloppe du papier qui cachait les comestibles, et il

montre une énorme tranche de pâté. — « Ça lui donnera des forces, ma sœur. »

La religieuse jette un regard sévère sur le visiteur. « André, lui dit-elle, si je ne connaissais tes bonnes qualités et ton amour pour ton père, je croirais que tu en veux à ses jours. Hier, un malheureux est parvenu à tromper notre surveillance, il a introduit des liqueurs fortes qu'un malade désirait. Ce matin, il y a un mort à l'hospice, et ce mort est celui dont on avait satisfait le caprice. Est-ce donc la peine que nous consacrions nos veilles à secourir vos pères, vos mères, si vous rendez nos soins inutiles? Pourquoi la charité cherche-t-elle à sauver ceux que l'ignorance assassine? »

André baissa la tête, il tendit à la religieuse les vivres qu'il portait, en lui disant : « Eh bien! ma sœur, donnez cela à un de vos pauvres... » Et il allait se retirer, quand la sœur fit un signe à la portière, et montrant André : « Laissez-le passer, dit-elle, et que tous les jours il reste une heure près de son père. »

Sœur Marthe et Adèle parcoururent ensemble les salles. A voir la sollicitude de la bonne sœur, son dévouement pour chacun des malades, on aurait cru que dans tous les lits rangés le long des salles gisaient ses parents ou ses amis. C'est ainsi qu'elle accomplissait le vœu si simple qu'elle avait prononcé au début de sa sainte carrière : *Je m'offre et me donne à Dieu et à nos seigneurs les pauvres*, pour les servir pendant toute ma vie.

En sortant de l'hôpital, sœur Marthe rencontra sur la place publique une jeune fille qui l'aborda, la tristesse peinte sur le visage. « Ma sœur, dit l'enfant, hier vous avez été assez bonne pour me montrer à panser la jambe de ma pauvre mère, aujourd'hui je n'ai pas pu me rappeler la manière d'attacher l'appareil.

— Et tu veux, dit la religieuse, que je te donne une seconde leçon?

— Oui, ma sœur, » dit d'une voix émue la jeune enfant.

Et déjà sœur Marthe avait pris la direction du logis de la

malade ; là, elle se plaça à genoux devant sa chaise, prit du vieux linge, fit de la charpie, et recommandant à l'enfant de prêter attention à la manière dont elle formait une compresse, tournait et attachait la bandelette, elle termina le pansement et se retira en disant à la blessée « : Mère Georges, vous enverrez ce soir votre fille à l'hospice, chercher un bouillon et une bouteille de vin vieux. »

« Nous avons laissé Cécile chez monsieur le curé, occupée à la lecture. M. Longpré, c'est le nom du pasteur, après avoir dit ses prières, était rentré dans sa bibliothèque, et comme l'absence de la sœur Marthe, qui devait venir reprendre la jeune fille, se prolongeait, il se proposa de ramener Cécile à la maison des sœurs. »

Dans certaines localités, la terre où reposent les morts est voisine du presbytère, et le règlement qui ordonne d'isoler le champ du repos de l'enceinte des villes n'était pas encore en exécution. L'abbé Longpré, qui avait perdu depuis quelque temps un vieil ami, compagnon des jeux et des études de son enfance, avait coutume chaque jour de venir lui faire une visite à sa tombe, comme naguère il la faisait à son domicile. L'abbé ne voyait dans cette séparation qu'un isolement de quelques jours ; car l'âge l'avertissait que bientôt il irait rejoindre celui qui l'avait précédé dans l'autre vie.

Le défunt avait laissé sur terre, en bas âge, deux enfants de son frère, qu'il avait adoptés.

Le curé et Cécile prirent le chemin du cimetière, et arrivés près de la tombe que le prêtre venait visiter, ils s'arrêtèrent. Deux jeunes enfants étaient occupés à planter des roses et à cultiver le terrain mortuaire ; le garçon disait : « Mon oncle aimait ces fleurs, le parfum ira vers lui. »

La jeune fille soupirait et dit : « Maintenant que mon pauvre oncle n'est plus, nous n'avons pas besoin de plantes à la maison. Si tu veux, mon frère, nous allons placer nos jolies fleurs ici, sur toutes les tombes nous arracherons l'herbe triste qui prouve l'oubli, nous planterons nos arbustes partout, aidés de Jacques, le vieux jardinier, et demain notre bon curé sourira en voyant le cimetière changé en un beau jardin.

— Oui, mes petits amis, dit M. Longpré, j'approuve votre projet, et moi-même j'en dirigerai l'opération. Le respect pour les morts est une loi de notre sainte religion. Le culte que vous voulez rendre à la mémoire de ceux qui ne sont plus et l'accomplissement d'un pieux devoir; vous faites, sans vous en douter, la sévère critique des personnes qui se rendent dans cet asile par curiosité ou par désœuvrement, et de celles qui ont le triste courage de se livrer, en de pareils lieux, à des conversations bruyantes, à des rires indécents.

Au moment où le curé et Cécile quittaient le cimetière, un des habitants de la paroisse, dont la mise annonçait un ouvrier, s'approcha de M. Longpré, et lui annonça avec tristesse la nécessité dans laquelle il était de remettre à quelques jours le baptême de son enfant, qui devait avoir lieu le lendemain. Une dame, qui avait promis d'être la marraine du fils de l'ouvrier avait été obligée de partir avant la cérémonie, et le pauvre père, pris au dépourvu, ne savait plus à qui avoir recours, dans la crainte de froisser l'amour-propre des personnes auxquelles il ne s'était pas d'abord adressé.

« Tranquillise-toi, Dupré, dit le curé au père du nouveau-né, Dieu t'assistera comme il assista un jour un pauvre pêcheur de Bretagne. Un écrivain moraliste, M. de Chantal, raconte ainsi le fait :

« Un matelot, ami du pêcheur, avait consenti à être le parrain : mais, soit que les jeunes filles du pays fussent trop pauvres pour faire les petits cadeaux d'usage, soient qu'elles fussent trop ignorantes pour réciter les prières de la cérémonie du baptême, il ne se présenta pas de marraine, et le parrain seul se rendit à l'église.

» A ce moment une voiture élégante s'arrête devant l'église du village ; une grande dame en descend ; c'était madame la duchesse d'Aiguillon, connue dans l'histoire par son ardente piété, qui s'associa aux œuvres de saint Vincent de Paul.

» La duchesse apprend l'embarras qu'on éprouve, s'ap-

proche indiscrètement, propose pour tenir l'enfant, adresse
des paroles obligeantes au parrain, intimidé par sa présence :
l'offre est acceptée ; et après la cérémonie, la duchesse d'Aiguillon se retira, en laissant à la pauvre famille des marques
de sa générosité. »

M. Longpré prit occasion de citer encore une circonstance
dans laquelle la Providence manifesta sa protection à l'égard
d'une famille ; il raconta le fait suivant :

« Joseph II, empereur d'Allemagne, voyageant en France,
arriva à une poste plus tôt qu'on ne l'attendait ; il ne trouva
pas de chevaux. Le maître de poste, ne le connaissant pas, le
prie d'attendre, parce qu'il a envoyé tous ses chevaux chercher ses parents et amis pour assister au baptême d'un enfant
que sa femme vient de lui donner. Le comte de Falkesten
(c'est le nom sous lequel Joseph voyageait) propose de tenir
l'enfant sur les fonts, et est accepté. La cérémonie se fait :
le curé demande le nom du parrain : « Joseph. — C'est bon ;
le nom de famille ? — Comment, Joseph, c'est assez. — Mais...
— Eh bien ! mettez Joseph Second. — Second, soit, mais les
qualités ? — Empereur, etc. » Le père et tous les assistants
tombèrent à genoux pour remercier le prince de l'honneur
qu'il leur faisait. L'empereur leur laissa des marques de sa
bienfaisance et promit de ne pas oublier son filleul.

Cécile regarda M. Longpré, et lui dit : Monsieur le curé,
je ne suis pas la duchesse d'Aiguillon, je ne suis pas une
grande dame ; mais si monsieur voulait m'accepter pour marraine de son enfant, je serais bien heureuse ; je sais les prières.

— Mais connaissez-vous, mon amie, l'obligation que le
sacrement du baptême impose ? Une marraine est une tutrice
envoyée au nouveau-né par la Providence ; en donnant son
nom à l'enfant, on s'engage envers Dieu à tenir lieu de mère
à la petite créature ; on promet de l'assister par sa fortune, et
de l'édifier par son exemple.

— Je le sais, monsieur le curé, reprit Cécile.

— Eh bien ! Dupré, dit le curé, tu vois que rien n'est
changé à l'ordre de la cérémonie. A demain le baptême. »

Dupré remercia avec attendrissement la jeune fille.

Au jour convenu, on vit entrer dans l'église dont M. Long-pré était le desservant un jeune ouvrier d'une mise décente et d'une tenue modeste ; il donnait la main à Cécile, parée d'un simple bouquet que lui avait offert le parrain, qu'on appelle encore au village le compère, mot peu usité aujourd'hui dans le monde.

Après le parrain et la marraine, marchait la nourrice portant l'enfant ; puis, suivant l'usage, venaient le père, les parents, sœur Marthe et Adèle, réunis aux amis de la famille.

En outre des dépenses nécessaires à la cérémonie, et qui furent acquittées par le parrain, comme cela se pratique, la marraine fit son aumône aux pauvres, et déposa son offrande, enveloppée dans un papier, sur la table de la sacristie.

Cécile, qui savait que le parrain appartenait à une famille peu aisée, avait voulu régler elle-même les présents qu'il est d'usage qu'une marraine accepte ; elle avait refusé les gants et avait motivé ce refus sur le don de plusieurs paires qu'une de ses parentes lui avait fait précédemment ; bien différente de beaucoup de jeunes personnes qui voient dans un baptême une occasion d'avoir des dragées, Cécile déclara qu'elle n'en accepterait pas plus d'une livre. Mais en donnant, en cette circonstance, une preuve de son intelligence et de son bon cœur, en évitant de mettre le parrain en dépense, la marraine exerça sa générosité sans ostentation et sans orgueil : elle offrit à la mère un couvert en argent ; elle avait donné au nouveau-né une robe et un bonnet qu'elle avait brodé de sa main pendant la nuit qui précéda le baptême.

CONTE XI.

—

L'ÉCOLE DE L'HOSPITALITÉ.

Une des vertus que les peuples anciens pratiquèrent avec le plus de constance et de ferveur était l'hospitalité. Les droits en furent si sacrés, qu'on regardait le meurtre d'un hôte comme un crime irrémissible, et alors même qu'il était involontaire, on croyait qu'il attirait la vengeance de tous les dieux.

Les villes et les Etats exerçaient l'hospitalité aussi bien que les particuliers. Lorsque Athènes fut envahie par les troupes de Xercès, roi des Perses, la ville de Trézène offrit et donna l'hospitalité aux Athéniens.

La loi de Jésus-Christ prescrivit ce devoir envers le prochain : « Gardez-vous bien, disent les saintes Ecritures, de contrister vos hôtes, de maltraiter ceux du dehors, mais souvenez-vous que vous avez erré comme eux en sortant du désert. »

L'apôtre saint Paul a dit : « Il faut être prompt à exercer l'hospitalité. »

Cette vertu est encore en honneur en Orient et dans l'Arabie ; on la rencontre chez quelques peuplades de l'Amérique du nord, et dans quelques contrées les moins policées de l'Europe.

Aux époques de la chevalerie, on trouvait dans les châteaux des lits d'une grandeur immense, que les chevaliers partageaient avec leurs amis ou leurs frères d'armes, quand ils venaient leur faire visite.

L'amiral Bonnivet avait souvent l'honneur de coucher dans le même lit que François Ier, roi de France, qui l'appelait son frère d'armes.

Les grands seigneurs de la cour de ce temps-là ne faisaient nulle difficulté d'admettre dans leur lit plusieurs personnes ; c'était la plus insigne marque d'amitié et de confiance qu'ils pussent donner à leurs hôtes.

Depuis que la civilisation a tracé des routes et construit des hôtelleries et des auberges, on a vu peu à peu disparaître l'usage d'aller demander asile dans les châteaux, dans les monastères et dans les chaumières ; et ce ne fut plus qu'aux époques de guerres, de tempêtes politiques, ou dans certains cas de malheurs particuliers, qu'un citoyen alla frapper à la porte d'un compatriote ou d'un étranger pour lui demander une retraite et un asile.

Un grand nombre d'actes de dévoûment ont marqué, dans notre histoire, les temps de proscription et de commotions politiques.

Au commencement de la révolution française, une illustre Polonaise, la princesse Sapicha, recueillit chez elle un noble vieillard émigré, le comte de la Ferronnays. La dame se fit un pieux devoir de rendre à son hôte tout ce qu'il pouvait avoir à regretter ; elle l'entoura de nombreux valets, mit à ses ordres de riches équipages, remplit des coffres d'or pour sa dépense, et ne laissa à désirer que la patrie qu'il n'était pas en son pouvoir de lui rendre.

En 1814, quand les puissances étrangères, armées contre la France, firent invasion sur notre territoire, des maisons d'éducation furent converties en casernes par l'ennemi ; les pensionnaires expulsés se replièrent sur des localités non encore attaquées, et pendant que les élèves les plus âgés s'enrôlèrent dans les rangs de ceux qui défendaient le pays, les plus jeunes se dirigèrent vers les colléges auxquels ils étaient étrangers, et là ils reçurent la plus cordiale hospitalité. Je me rappelle avoir vu les élèves du célèbre collége de Juilly, proscrits et errants, accueillis avec des transports de joie par les élèves du collége Saint-Germain-en-Laye, qui leur firent les honneurs du réfectoire.

Dans l'état de paix habituel de la société, quand les peuples vivent en paix au-dedans et au-dehors, quand les relations sociales suivent leurs cours tranquilles, l'hospitalité ne peut plus être que la règle des bienséances qu'on doit observer envers ceux qui séjournent chez soi, ou chez lesquelles on séjourne, soit à titre d'ami, soit dans les circonstances accidentelles.

Aujourd'hui, exercer l'hospitalité c'est recevoir chez soi à la ville ou à la campagne, d'une façon telle, que les personnes que l'on accueille ne regrettent ni leur manière d'être ordinaire, ni la demeure qu'elles ont quittée.

« Quand un ami vient me voir, disait une dame du grand monde, connue par son affabilité, je fais tous mes efforts pour qu'à son retour sa maison lui paraisse insupportable.

Telle était aussi la façon de penser de madame Dutilleux, veuve d'un négociant de Paris. A la mort de son mari, elle avait laissé à des hommes de loi le soin de régler la succession et de terminer la liquidation de la maison de commerce, et elle s'était retirée dans une jolie habitation située sur les bords de la Marne. Elle vivait là depuis plusieurs années, faisant de sa maison le rendez-vous de ses nombreux amis. Cette habitation reçut le nom de Beauséjour, titre que justifiaient le site du pays et l'amabilité de la propriétaire, qui rendait encore plus appréciable le charme de cette retraite.

Madame Dutilleux semblait avoir fait une étude particulière de tout ce qui pouvait rendre agréable la vie de la campagne. Chez elle, point de gêne : elle n'imposait ses goûts à personne ; chacun pouvait vivre à sa fantaisie : des livres, des instruments de musique, des ustensiles de pêche, des armes de chasse, des rames, des avirons et de légers canots pavoisés, de jeux de toute espèce annonçaient la liberté que la maîtresse du logis laissait à chacun dans le choix de ses plaisirs. Les domestiques formés à son école, semblaient être aux gages de ceux qui venaient en amis ; ils allaient au-devant de tous les désirs des étrangers. Leur prévenance ne faisait pas de distinction entre les personnes riches dont ils pouvaient attendre un salaire, et les hôtes dont la position de fortune ne laissait espérer aucun don.

Jamais la cordialité de madame Dutilleux ne diminuait. Après un séjour d'un mois chez elle, venait-on à lui annoncer un prochain départ : « Déjà ! » s'écriait-elle. Et elle cherchait à obtenir la promesse d'un retour, avec cette insistance gracieuse qui ne permet pas de laisser soupçonner la sincérité d'une invitation.

Au nombre des habitués était madame Melville, femme d'un employé du gouvernement, que ses fonctions venaient d'appeler à sa résidence dans une petite ville du département de Seine-et-Oise ; et il n'était sorte de politesses que ne fît madame Dutilleux à la femme du fonctionnaire et à Caroline, sa fille, âgé de douze ans.

Chaque fois que Caroline quittait Beauséjour, la dame de la maison lui offrait les fleurs les plus belles, les fruits les plus exquis, et un petit cadeau, tel qu'un livre que la jeune fille avait remarqué dans la bibliothèque, ou bien un panier à ouvrage en jonc ou en osier tressé par les mains des bergers du pays.

Caroline ne laissait jamais échapper une circonstance de reconnaître par une offrande la réception maternelle de madame Dutilleux. La jeune fille, à chaque voyage, ménageait une petite surprise à l'amie de sa mère : tantôt c'était une broderie qu'elle faisait pour elle ; ou bien se levant à la campagne avant tout le monde, elle travaillait à quelque tapisserie qu'elle offrait à madame Dutilleux le jour du départ.

Madame Dutilleux étendait aussi ses soins délicats jusque sur les domestiques que ses hôtes amenaient quelquefois avec eux ; elle voulait qu'ils conservassent un souvenir agréable de sa maison, et plus d'une fois elle empêcha la bonne de Madame Melville de se livrer à des travaux trop rudes pour son âge, car Marguerite (c'est le nom de la domestique), avait plus de cinquante ans. La propriétaire de Beauséjour lui disait : Reposez-vous, Marguerite, vous êtes ici en vacances ; réservez vos forces pour servir votre maîtresse quand elle sera de retour. »

Après un séjour d'un mois à la campagne de son amie, madame Meleville était revenue, avec sa fille et la vieille Marguerite, à une habitation que son mari lui avait fait préparer aux environs de la petite ville, siège de son administration, là il y avait un joli jardin, et des appartements élégants qu'on pouvait offrir à ses amis. La première pensée de la mère de Caroline fut de faire part de sa joie à madame Dutilleux, et de l'inviter de venir quand elle le pourrait, passer quelques jours près d'elle.

Le facteur rural qui remit à madame Dutilleux la lettre de son amie, lui apportait aussi des dépêches de son homme d'affaires. Il lui apprenait que la fortune sur laquelle elle comptait après la liquidation commerciale de son mari se réduisait à peu de chose, et que désormais elle aurait des ressources à peine suffisantes pour vivre. Il lui conseillait un voyage à Paris.

La veuve du négociant quitta sa jolie habitation avec un serrement de cœur involontaire ; un pressentiment lui disait qu'elle ne devait plus la revoir. En effet, la crainte que l'homme de loi avait conçue se réalisa au-delà de la supposition ; madame Dutilleux était complètement ruinée. Elle reçut ce coup avec calme.

« Eh bien ! se disait-elle avec cette bonhomie qui jadis avait été le cachet moral du fabuliste La Fontaine, *j'irai trouver* madame Melville. »

Trois jours après, accompagnée d'une de ses nièces qu'elle avait été obligée de retirer de sa pension, elle arrivait chez son amie, avec l'intention d'y passer quelque temps pour retremper son courage dans ses bons conseils.

Madame Melville et sa fille étaient absentes ; mais la vieille Marguerite gardait la maison. Elle cacha une larme en apercevant l'amie de sa maîtresse, et n'osa lui faire le récit d'une castastrophe récente qui avait frappé M. Melville, comme si Dieu eût voulu, dans ses voies souvent inconnues, éprouver en même temps deux cœurs de femmes jusque-là à l'abri des secousses violentes.

La vieille Marguerite était seule dépositaire d'un terrible secret.

M. Melville avait été accusé d'une action que l'ambition ne peut justifier dans un fonctionnaire public. Il y avait eu dans sa caisse un déficit ; un inspecteur avait constaté le fait, et l'employé avait été arrêté. Sa femme, instruite de sa captivité, avait réalisé à la hâte ce qu'elle possédait de précieux, et elle avait couru avec sa fille se jeter aux pieds des magistrats pour réparer le dommage, s'il était possible. Une heure après son départ, les hommes de justice étaient venus mettre les scellés sur toutes les armoires de la demeure de l'accusé.

Le lendemain de cette visite judiciaire, madame Dutilleux et sa nièce arrivèrent.

La vieille Marguerite connaissait aussi la ruine de l'amie de sa maîtresse ; car l'ancienne propriétaire de Beauséjour avait écrit à madame Melville, et celle-ci pleura avec la vieille Marguerite sur l'infortune de son amie, ne prévoyant pas qu'elle touchait elle-même à un malheur plus grand.

La vieille domestique, à l'arrivée de la tante et de la nièce, ne prit conseil que de son bon cœur. Conservant quelque espoir des démarches de sa maîtresse, elle ne crut pas devoir révéler les motifs de son absence.

« Madame Dutilleux est malheureuse, se dit-elle. Si je parle de la douleur de madame, et que j'éloigne son amie, celle-ci

croira qu'on a recours à un moyen adroit pour se dispenser
de reconnaître les bontés qu'elle a eues pour ma maîtresse,
pour sa fille et pour moi. Je me tairai donc, et je ferai de mon
mieux pour donner l'hospitalité à une dame qui en est si
digne. »

La vieille gouvernante attribua l'absence de sa maîtresse à
une démarche d'affaires qui la retenait à la ville.

Nous avons dit que les scellés avait été posés sur tous les
meubles et armoires de la maison. Cette mesure de justice
consiste à placer une bande de papier ou de toile marquée
du sceau du magistrat sur tous les objets auxquels alors il est
défendu de toucher, et cet acte s'exerce quelquefois si sévèrement, qu'il reste à peine quelques vases et ustensiles de ménage disponibles. C'est ce qui était arrivé en cette circonstance.

Marguerite se trouvait prise au dépourvu pour les repas.
Elle osait à peine emprunter à des voisins les objets de première nécessité : on ne la refusait pas; mais on faisait des
allusions si pénibles à la position de son maître, que plus
d'une fois elle rentra le cœur navré.

Ce qui ajoutait souvent aux embarras de Marguerite, c'étaient
les questions indiscrètes, les exigences difficiles à satisfaire
de la jeune Lucie qui était loin d'être aussi bien élevée que
Caroline. Il lui fallait ou des livres d'images, ou des jouets
qu'elle supposait avoir été cachés par la fille de madame
Melville avant son départ.

Marguerite attentive, avait placé du sucre sur la cheminée
de la chambre de madame Dutilleux, qui, réservée comme
toute personne qui connaît les usages, touchait à peine à la
provision. Mais chaque soir Lucie consommait tout le sucre
qu'elle trouvait dans la petite chambre qu'elle avait adoptée
pour la sienne, et chaque matin il fallait renouveler la provision. Elle ne savait pas, la petite gourmande, que Marguerite ne parvenait à se procurer cette friandise, et les mets
de la table, qu'en sacrifiant une bague, une paire de boucles

d'oreilles que ses maîtres lui avaient données qu'elle vendait à bas prix à quelques marchands de la ville.

Lucie ne se faisait pas faute de couper des fleurs du parterre, et une fois elle vit, le matin, un homme qui l'imitait et dépouillait à grands coups de serpette les plates-bandes. Lucie voulut gronder cet individu, il siffla en haussant les épaules, et continua. La jeune fille alla se plaindre à Marguerite, qui éluda la question et n'osa pas dire que le jardinier de la maison, craignant ne pas être payé de ses gages, se permettait une dévastation qu'elle n'osait lui interdire. Le lendemain, le jardinier donna de grands coups de bêche et emporta des arbustes entiers, en présence de Lucie, qui resta interdite sous la puissance de son regard menaçant.

Un jour que Lucie avait été plus exigeante que de coutume, et qu'il avait fallu à la gouvernante bien de l'adresse pour éluder ses questions sur des objets de ménage dont elle remarquait l'absence, la petite fille se mit tout-à-coup à pousser un cri de joie : elle avait découvert derrière un fauteuil un grand cachet de cire jaune ; elle demandait des ciseaux pour l'arracher et le découper, quand Marguerite, hors d'elle-même, arriva à temps pour l'empêcher de briser les scellés, action criminelle que la jeunesse de la coupable n'aurait pu faire excuser, et dont on aurait demandé à la domestique un compte sévère.

Marguerite eut beaucoup de peine à arracher la jeune fille de l'armoire à laquelle pendait le cachet, et Lucie allait criant :

« Caroline cache ses joujoux pour que je ne les prenne pas. » Madame Dutilleux, préoccupée de ses tourments, n'entendit pas ou ne comprit pas.

Ce soir-là la jeune fille se coucha de mauvaise humeur, et quoique sa tante lui eût recommandé d'éteindre sa lumière aussitôt qu'elle se mettrait au lit, l'imprudente enfant plaça le flambeau près des rideaux, et une lueur brillante et vive et cris annoncèrent bientôt qu'une incendie s'était déclaré. Lucie avait eu le temps de prendre la fuite, mais le feu gagnait, et bientôt le tocsin sonna ; les paysans accoururent, et ce ne fut qu'après un long travail qu'ils parvinrent à se rendre maître de l'incendie.

Trois gendarmes restèrent seuls jusqu'au point du jour, et quand madame Dutilleux s'approcha d'eux pour les remercier et leur dire que leur présence devenait inutile, un quatrième personnage se présenta revêtu d'une écharpe : c'était le maire de la commune.

« Non, madame, dit-il, la présence de ces messieurs n'est pas inutile ici, car ils ont ordre d'arrêter la domestique Marguerite.

— Arrêter Marguerite ? s'écria avec douleur madame Dutilleux.

— Elle même répondra devant la justice du projet qu'elle a voulu exécuter d'incendier cette propriété pour soustraire les pièces nécessaires au procès criminel de son maître. » Et il ajouta : « C'est un moyen de lever les scellés que la loi n'admet pas. »

Madame Dutilleux comprit tout ; elle allait hasarder quelques observations en faveur de Marguerite.

Un bruit de voix joyeuses et éclatantes se fit entendre.

« Mon maître et ma maîtresse, s'écria la vieille gouvernante, transportée de joie.

— Oui, ma bonne Marguerite dit madame Melville ; car c'était elle et son mari qui revenaient. Ton maître s'est pleinement justifié d'une infâme calomnie. L'homme qui s'est présenté comme inspecteur était un faussaire qui a accusé M. Melville pour l'éloigner de sa caisse, qu'il voulait piller. »

— « Vive notre bon maître ! » s'écria le jardinier qui la veille coupait les fleurs et emportait les arbustes.

Marguerite tomba à genoux, Madame Dutilleux se précipita dans les bras de son amie, qui lui donna tous les détails du complot tramé contre son mari par un escroc, déjà repris de justice, et qui avait été au moment de réussir dans le vol de la caisse, dont il avait si adroitement et si cruellement éloignée l'administrateur en le faisant emprisonner.

Après les premières émotions passées, madame Dutilleux ne voulut pas laisser ignorer à son amie la conduite dévouée de Marguerite; elle révéla les nobles efforts de la vieille gouvernante pour faire les honneurs de la maison de ses maîtres.

« Que n'ai-je encore ma fortune, bonne Marguerite ! dit madame Dutilleux,

Le lendemain Lucie aurait pu jouer avec les grands cachets de cire jaune qu'un magistrat vint enlever ; mais elle était si triste de l'accident dont elle avait été cause, qu'elle ne pensa plus à satisfaire son désir.

La Providence qui avait permis qu'à la même époque madame Dutilleux et madame Melville fussent frappées cruellement, leur réservait une consolation et une joie.

L'homme de loi qui avait la confiance de l'ancienne propriétaire de Beauséjour avait abusé des titres qui lui donnaient pouvoir de gérer les affaires de la succession du négociant décédé ; il s'était approprié de fortes sommes ; un avocat, parent de madame Dutilleux, eut soupçon de la spoliation, et il fit rentrer sa parente dans une fortune qui permit à celle-ci de retourner à la jolie habitation qu'elle aimait tant et qui n'était pas encore vendue.

A quelques jours d'intervalle, M. Melville reçut sa nomination à un emploi supérieur, dans une ville distante d'une lieue de Beauséjour.

Les deux familles n'en formèrent plus qu'une seule. La vieille Marguerite les suivit ; mais madame Melville exigea qu'elle vînt finir ses vieux jours à la campagne. Lucie fut placé dans la pension de Caroline pour apprendre les règles du monde, qu'elle ignorait encore, et que son ami, quoique du même âge qu'elle, pratiquait déjà si bien.

CONTE XII.

—

LA CHARITÉ.

> Le mal ou le bien se moissonne,
> Selon que sème le mal ou le bien.
>
> (LAMOTHE.)

Il faisait à peine jour au château de Fresnoy, près de Mont-Didier ; les premières lueurs de l'aurore commençaient à projeter une teinte blafarde sur les blancs rideaux de mousseline, à l'abri desquels dormait le plus doucement du monde mademoiselle de Fresnoy, et le tendre gazouillement des oiseaux qui bruissaient dans la volière d'une chambre voisine en attendant le réveil de leur jeune souveraine, semblait un gracieux concert bien fait pour chasser suavement les rêves d'innocence et de bonheur qu'elle était sans doute occupée de clore.

Il faut le dire : pour cette noble jeune fille, toute l'exis tence était douceur et parfum, bienfaits et générosités ; c'était l'humanité tout entière distillée par l'esprit et la charité.

Elle s'éveilla et sonna sa femme de chambre ; celle-ci vint immédiatement.

— Quelle heure est-il, ma bonne Mariette ?

— Six heures à peine, mademoiselle.

— J'ai trois heures devant moi, soupira-t-elle en arrondissant son bras au-dessus de sa tête à demi ensevelie sous les flots de mousseline : Julia et mon père ne s'éveillent qu'à neuf heures, encore cela est-il fort rare. Sont-ils tous réunis dans l'antichambre ? poursuivit-elle en s'accoudant d'un air charmant sur son oreiller garni de dentelles. Je n'ai plus que quelques semaines à les recevoir ainsi : car bientôt il me faudra revêtir les grands airs de *madame la comtesse de Valognes*, et il ne me sera plus permis, peut-être, de jouir à mon aise et en silence du plaisir que je leur procure en versant dans leurs mains ma rente accoutumée. Pauvres petits ! ne plus les voir se presser autour de moi et m'encenser de leur bonheur, serait bien cruel ! C'était un si beau réveil pour moi chaque dimanche c'était commencer si dignement le jour con-sacré à Dieu.

Telle était la coutume que s'était imposée mademoiselle de Fresnoy en permettant que tous les enfants des environs vinssent au château tous les dimanches, au lever du soleil, pour y recevoir quelques bienfaits accordés avec une délicatesse pleine de charme. Il en venait de tous les coins de la Picardie ; car mademoiselle de Fresnoy accordait aussi des places et des emplois à tous les pères des petits suppliants.

Non seulement elle protégeait les pauvres, mais encore elle créait un sort, assurait un avenir à tel ou tel que l'infortune avait frappé. Reine accomplie pour l'esprit et le cœur, cette enfant de treize ans réunissait tous les mérites. Et lorsqu'elle passait, cachée dans sa litière, il n'était pas de paysan ou de bourgeois qui ne se découvrit avec les marques de la plus profonde déférence.

Lorsque mademoiselle de Fresnoy fut levée et qu'elle eut revêtu un déshabillé convenable, elle vint s'installer dans son cabinet artistique, et ordonner que ses jeunes protégés lui fussent amenés. Ils entrèrent avec respect dans cet oratoire qu'elle rendait si poétique par les œuvres diverses qu'elle y accomplissait ; s'échelonnant en silence devant elle. Ils firent plus ou moins de révérences.

— Eh bien ! fit-elle en promenant son regard sur ses zélés petits pensionnaires : quoi de nouveau parmi vous ?

Silence complet de la part de l'auditoire en bure.

— Quel temps fera-t-il aujourd'hui ? Un feutre remua.

— Parle, Jérôme, reprit Louise de Fresnoy en dirigeant sa main vers le menton de l'un des petits paysans.

— Il fera beau Mademoiselle.

— Tant mieux ; je monterai ce matin sur ma blanche haquenée, et j'aurai l'avantage d'envoyer un baiser à ta petite sœur en passant devant la cabane.

Le feutre remuait toujours.

— Tu as quelque chose à demander, Jérôme ? continua la jeune fille en regardant le petit paysan sous le nez d'un air narquois. Allons, parle toujours.

— Vous l'avez dit, Mademoiselle, répliqua l'enfant en rougissant et en baissant de plus en plus sa grosse tête aux cheveux roux et rudes.

— Je t'écoute ; seulement sois précis, ou sinon je mets fin à ton discours en t'envoyant à l'office.

— J'irai également après avoir parlé, Mademoiselle, répliqua le petit en exécutant un salut des plus divertissants.

— Commence donc. Que te faut-il aujourd'hui ? ta mère est-elle malade ? ton père est-il privé d'ouvrage ?

— Si Mademoiselle avait l'obligeance de... L'enfant n'acheva point.

— Oh ! pas de fausse honte, mon ami ; pourquoi trembler ainsi ?

Jérôme prit une résolution hardie, et s'avançant de trois pas, il dit :

— Un pauvre *idiot*, pas méchant le moins du monde, est arrivé au pays. Chacun le suit, à ce qu'il paraît, et rien ne lui réussit. M. le curé a le bon vouloir de le prendre chez lui ; mais aussitôt qu'il y est, il a la maladresse de briser une assiette et il se sauve : voilà pour commencer. Il vient alors chez un maître forestier des environs d'Amiens lui demander un asile pour la nuit ; le lendemain on l'oblige à rester, et comme on veut qu'il se rende utile, on l'occupe au logis ; il laisse tomber l'enfant, et il se sauve encore. Il se réfugie sous une vieille masure, et voici que par une fatalité détestable, l'ouragan achève d'abattre les deux murs qui servaient de gîte au pauvre homme : il est désormais sans abri. Enfin, Mademoiselle, le pauvre hère est empêtré dans une vilaine ornière d'où vous seule pouvez le tirer.

— Depuis quand le connais-tu ? demanda mademoiselle de Fresnoy avec intérêt.

— Depuis avant hier au soir, Mademoiselle. — Il passait devant chez nous ; il avait l'air bien malheureux : je l'ai fait entrer, je l'ai questionné ; il nous a conté ses infortunes et j'ai pensé de suite à votre généreuse protection.

— Très bien, mon bon Jérôme, ton protégé sera le mien. Est-ce là tout ce que je puis pour toi ?

— Accordez-moi encore votre indulgence pour mon importunité, Mademoiselle.

— Tiens lui dit-elle en lui donnant un petit soufflet sur la joue, je te l'accorde pour tout ce que tu me demanderas à l'a

Civilité.   8

venir. Puis elle ajouta : Amène-moi ton infortuné dans une heure.

— Je ne manquerai pas, Mademoiselle répondit Jérôme en faisant place à un autre.

La séance se termina après que chacun eut reçu sa pension et tous se retirèrent avec un peu de bonheur dans le cœur.

Mademoiselle de Fresnoy songeait au moyen de faire adopter ses principes de charité au comte de Valognes qu'elle devait épouser, lorsque Mariette vint annoncer que Jérôme et l'idiot étaient à la porte.

— Fais-les entrer, répondit la jeune fille d'un air distrait.

Dès qu'elle eut achevé ces mots, une autre jeune fille, âgée d'environ treize ans, apparut immédiatement ; et, s'avançant en bâillant, vint prendre place auprès de mademoiselle de Fresnoy. La tête de cette enfant, quoique modelée sur le galbe de celle de Louise, n'avait rien de sa spirituelle gracieuseté ; ses yeux étaient plus languissants, ses lèvres épatées, et où le désordre qui régnait dans toute sa personne inspirait contre elle au premier abord une impression défavorable. Son peignoir mis sans goût, sa coiffure mal disposée, son air endormi, impassible, annonçaient la paresse dans l'acception du mot.

— Quoi ! déjà levée, ma chère petite sœur, demanda Louise en l'entourant tendrement de son bras. Eh ! mais, j'y pense, tu étais malade hier soir.... tu t'es couchée à six heures....

Puis partant d'un joyeux éclat de rire :

— C'est juste, tu as fais dans ton lit le tour du cadran.

La paresseuse laissa échapper un bâillement prolongé.

— Aurais-tu encore sommeil ? Pourquoi t'être levée plus tôt qu'à l'ordinaire.

— Dimanche dernier, répondit l'enfant avec nonchalance, j'ai entendu ici le son de plusieurs voix, et je voulais savoir... Voilà pourquoi je suis *matinière*.

Un tressaillement fébrile agita Louise de Fresnoy à ce dernier mot.

— Aurais-tu, par hasard, la prétention de vouloir te faire prendre pour une étoile du matin? riposta avec ironie la sœur aînée. Sache qu'il n'y a de matinier que ce qui appartient à l'aube du jour.

— Eh! mon Dieu, j'ai voulu dire *matineuse.*

— Oh! l'un ne vaut pas mieux que l'autre, ma toute bonne; car il n'y a de matineux que ceux qui ont l'habitude de se lever matin; et certes ce n'est pas là...

— Enfin, ma sœur, disons matinale, et que tout soit fini, répliqua Julia avec humeur. Et elle se coucha sur les deux coussins du sopha.

— A la bonne heure! mais quand donc apprendras-tu à parler?

— Je vais commencer à *imiter ton exemple :* je lirai tant que je finirai bientôt...

— Pardon, Julia, je crois que tu viens encore de commettre une faute de langue. Comme je ne t'ai pas encore tracé d'exemple d'écriture, tu n'en as point à imiter.

— C'est bien de cela qu'il s'agit! répliqua la jeune fille d'un ton impérieux : j'entends que désormais je veux faire comme toi.

— Alors explique-toi, et dis que tu veux suivre mon exemple.

Une figure de jeune homme vint suspendre ce dialogue grammatical en se faisant voir à la porte du cabinet dans lequel Louise de Fresnoy se tenait si rêveuse. Louise dirigea de suite vers le nouveau venu son regard, puis lui ordonna de s'asseoir auprès d'elle. Mais l'idiot était demeuré immobile à la même place, ne détournant point d'elle ses regards.

Louise de Fresnoy sourit, et, se penchant vers sa femme de chambre, elle lui dit tout bas :

— Sais-tu que pour un idiot son regard n'a rien de stupide ni d'hébété ; j'en ferai quelque chose ; je veux émanciper ce pauvre garçon !

Et elle se prit à le contempler avec pitié. L'idiot cette fois baissa les yeux.

— Jérôme, continua la jeune fille en s'adressant au petit paysan, fais asseoir auprès de moi ton protégé.

L'idiot s'avança alors avec résolution jusqu'au sopha ; prenant place auprès de Louise, il attendit silencieusement, et toujours avec la même immobilité, qu'elle voulût bien lui adresser la parole.

— Comment vous nommez-vous, mon ami ? demanda-t-elle en se penchant en arrière.

— Fortuné, répondit l'idiot.

— Voici un nom qui ne serait pas déplacé dans un beau conte de fée, répliqua Louise.

— Supposez que je sois prince, ou tout au moins gentilhomme, et mon nom idéalisera parfaitement le héros d'un conte de fée.

— Eh ! eh !.... se dit la jeune fille, il parle peu, mais il n'est pas à court de réplique et celle-ci me plaît fort.

— Et que pourriez-vous faire, Fortuné ? continua-t-elle en se penchant vers lui avec curiosité.

— Des vers, pour vous servir, Madame.

— Pauvre imagination perdue ! exclama Louise en le regardant avec tristesse.

L'idiot, encore une fois, baissa les yeux.

— Soit ! mon ami, reprit-elle doucement : et si je vous riais de m'écrire un quatrain, quel sujet choisiriez-vous ?

— La charité, répondit l'idiot d'un timbre de voix si doux et si caressant, que mademoiselle de Fresnoy sentit les larmes mouiller ses beaux yeux.

— Eh bien ! puisque nous en sommes là, essayez vos deux rimes sur ce papier.

Et elle lui désigna un bureau sur lequel il y avait tout ce qu'il faut pour écrire. L'idiot sortit de dessous la manche de sa veste grossière une main d'une distinction telle, que mademoiselle de Fresnoy ne put réprimer un léger cri de surprise, et, la comparant alors avec la physionomie du malheureux, elle se prit à réfléchir sur cet inconnu, pensant bien que cet homme, d'une bonne famille peut-être, avait sans doute perdu la raison par suite de quelque grande infortune. Elle redoubla d'intérêt.

Dès que l'idiot eut terminé son quatrain, il posa sa plume et retomba dans son immobilité première. Louise pria alors Jérôme de lui apporter le papier, et elle lut ce qui suit :

> Noble fille au cœur d'or, à l'âme noble et belle,
> La charité, c'est toi.
> S'il te fallait un messager fidèle,
> Je te dirais : Prends-moi.

Louise ne pouvait croire ses yeux ; elle raffolait d'aise en relisant ces vers si bien rimés pour un idiot, et dont la cadence était si bien observée. Faisant revenir le jeune homme auprès d'elle, elle voulut recommencer ses questions. Julia, qui avait voulu lire aussi le quatrain, s'écria d'un grand air de protection :

— Ah ! mon ami, vous faites les vers *à la perfection !*....

L'inconnu, sur les lèvres duquel errait un malin sourire, répondit en s'inclinant à demi :

— Je voudrais aussi savoir peindre *en perfection*, afin de pouvoir vous reproduire, Mademoiselle.

Louise de Fresnoy ayant trouvé l'à-propos fort utile, dirigea son regard vers sa sœur, mais ayant vu sa confusion, elle se mordit la lèvre pour conserver son sérieux. Et se tournant alors vers le jeune homme qui était retombé dans son immobilité, elle reprit :

— On m'a dit que vous étiez arrivé ici avant hier ?

L'idiot sourit sans répondre.

— D'où venez-vous ?

Il désigna Jérôme, qui allait recommencer ce qu'il avait déjà dit une heure auparavant, si Louise ne l'eût interrompu en disant à l'inconnu :

— Vous êtes sans famille ?

L'idiot sourit encore.

— Décidément je n'obtiendrai plus rien, observa Louise. Qui vous a habillé ainsi ? poursuivit-elle en secouant légèrement un des côtés de la veste du jeune homme.

L'idiot prit Jérôme par la main, et le forçant à s'approcher, il le plaça tout près de Louise.

— Comment !... lui ? exclama la jeune fille en désignant le petit paysan, dont les joues avaient pris la teinte d'un homard trop cuit. Mais... sa famille est bien pauvre et.... cet habillement est tout neuf; comment se l'est-il procuré pour vous en revêtir.

— Le grain semé dans une bonne terre rapporte toujours, murmura soudain l'idiot, dont la physionomie réflétait alors un enthousiasme difficile à décrire.

— Je ne comprends pas, répliqua Louise.

Le jeune homme recommença 'à sourire; puis baissant la tête, il devint immobile comme toujours. Louise le regarda fixement, et comme elle insistait du regard, elle aperçut une perle diamantée sortir du grand œil noir de l'idiot, puis tomber et rebondir sur la boucle de sa moustache.

Elle reprit avec plus de poésie, comme pour démentir un air de protection :

— Je veux m'intéresser à vous. Mon jeune protégé vous a grandement recommandé à moi ; je ne veux point que vous demeuriez dans cette fâcheuse position. Quel que soit le mystère qui existe entre Jérôme et vous, je sens qu'il doit être assez digne pour que je ne cherche point à l'approfondir. Votre quatrain mérite des éloges ; c'est d'ailleurs une pressante pétition à laquelle il me faut souscrire... Soyez sans inquiétude, je vous mettrai à même de devenir le *Messager fidèle* des bonnes œuvres qu'il me plaira de faire après mon mariage ; et, pour parler comme Jérôme, je veux de suite vous tirer de la vilaine ornière dans laquelle une détestable fatalité vous a si impitoyablement entraîné.

S'élançant alors vers son secrétaire, mademoiselle de Fresnoy en tira une bourse qu'elle présenta au jeune homme ; mais celui-ci s'étant levé, parut ne pas comprendre, et se dirigea vers la porte. Louise voulut alors remettre la bourse entre les mains du jeune paysan ; mais Jérôme se disposant à suivre l'idiot, répéta avec une naïveté charmante :

— Le bon grain a produit assez, Mademoiselle ; la récolte est suffisante.

Comme Louise insistait, sans comprendre ces dernières paroles, et feignait de se fâcher, le petit paysan s'esquiva sous les pas de son protégé, qu'il rejoignit à la grande porte du château, et tout retomba dans le silence....

— Sais-tu, Mariette, que cet infortuné a de l'esprit dans son *idiotisme*, comme veut bien le dire ce bon Jérôme? Il mérite beaucoup d'estime et d'intérêt ; car il me touche le cœur lorsqu'il retombe dans sa constante et perpétuelle immobilité. Pauvre garçon !... Et puis cette inspiration subite, dont j'ai été la cause et le but, ne peut qu'éveiller en moi un vif intérêt ; car enfin j'admire la sagacité avec laquelle il a pénétré ma passion dominante, et l'adresse avec laquelle il

a su m'en faire l'éloge. C'est une nature noblement organisée
que celle de ce pauvre hère ; ce n'est pas, ce ne peut pas être
un idiot : n'est-ce pas, Mariette ?

— Non, Mademoiselle, répondit la confidente ; c'est peut-
être un prince enchanté.

—

L'heure du crépuscule jetait sur la nature entière une teinte
mystérieuse, incertaine ; la brise du soir faisait monter les
émanations des parterres émaillés, et le bruit du feuillage,
mêlé à celui de quelques voix lointaines, bourdonnait dans
le paysage plein de charme qui entourait le château, alors
tout illuminé comme en ses plus beaux jours de fête.

Cependant un grand bruit vint troubler le poétique silence
des environs : un équipage armorié franchit la prairie qui sépare Mont-Didier du marquisat de Fresnoy, et bientôt entra
dans la cour seigneuriale du château. Les portes s'ouvrirent
pour le laisser entrer, et immédiatement on annonça le comte
de Valognes. Le marquis de Fresnoy, accourant à sa rencontre, lui fit un accueil tout paternel, auquel le jeune gentilhomme répondit par quelques fins mots gracieux ; puis le
marquis lui présenta lui-même sa fille.

Avez-vous l'idée de la profonde stupéfaction qu'éprouva
Louise de Fresnoy en reconnaissant dans le comte de Valognes l'idiot du matin, le protégé de Jérôme ? La jeune fille
comprit de suite qu'un petit mystère fort piquant enveloppait
cette étrangeté ; et dans sa perspicacité, elle en devina facilement le motif, le comte, rompant le silence, dit à mademoiselle de Fresnoy :

— Je vois avec bonheur que mes traits sont demeurés dans votre souvenir, Mademoiselle.

— Mon Dieu, monsieur le comte, est-ce donc en quelques heures que l'image d'un être intéressant, d'un poète surtout, peut s'effacer ?

— Vous pouviez, Mademoiselle, avoir prêté peu d'attention à un solliciteur indigent...

— L'infortune est pour moi une pressante lettre de recommandation, et je n'oublie jamais celui qui vient à moi.

— Je puis donc espérer que vous daignerez souscrire à ma pétition?

— Sans doute, monsieur le comte ; ne m'annonce-t-elle pas le noble désir que vous avez de partager...

— La sainte mission que Dieu vous a donnée sur la terre, interrompit Valognes, celle de faire mystérieusement (le comte appuya sur ce mot) une foule de bonnes œuvres.

— La publicité est parfois si pernicieuse, qu'il vaut mieux garder pour soi-même les fruits de certaines œuvres, répondit Louise dont l'embarras croissait toujours, car le marquis fixait sur elle son regard rempli d'étonnement.

— C'est pour cette raison, fort plausible du reste, Mademoiselle, que j'ai voulu, bravant les règles de l'étiquette, vous voir dans un de ces moments où votre noble main se tend avec une si touchante aménité vers les pauvres enfants de notre province. Et comme dans ces instants votre chambre n'est ouverte qu'à l'indulgence, je ne pouvais être admis auprès de vous sans jouer le rôle d'un humble solliciteur. Vous me pardonnerez cette supercherie lorsque vous saurez quels incidents m'ont poussé à ce grand acte de curiosité et d'intolérable indiscrétion.

— Quoique vous avez emprunté un tel rôle pour vous révéler à moi, monsieur le comte, je prends au sérieux votre quatrain, et j'acquiers l'espérance que vous serez éternellement ce messager fidèle que votre heureuse rime a su m'annoncer.

— Oui, certes, nous aurons un cabinet secret de bonnes œuvres dont je serai, je l'espère un digne secrétaire ; car j'ai acquis la preuve certaine que non-seulement votre charité soulage bien des infortunes, mais encore est devenu un exemple précieux pour nos bons et francs Picards de Mont-Didier.

— Que voulez-vous dire demanda Louise.

— Oh ! cela est encore un petit mystère dont il est bien juste que je vous fasse la confidence ; ce sera , j'en ai la conviction, une bonne note pour mon entrée dans les fonctions de secrétaire et de messager fidèle...

—· De grâce, monsieur le comte, interrompit Louise, vous voyez bien que mon père, auquel vous venez de révéler déjà le secret d'une réception populaire dans son château, brûle de connaître la fin de tout ce mystère, dont son fils aîné est le principal moteur.

— Il est vrai, repartit le marquis, que la surprise avait obligé jusqu'alors de garder le silence, il est vrai que je ne m'attendais guère à voir un jour le château de mes ancêtres transformé en...

— Mon père, interrompit Louise en se penchant de son côté et arrêtant par un baiser la fin de la phrase, laissez donc monsieur le comte achever sa narration. Puis, se tournant vers le comte, elle lui dit : Continuez, je vous prie.

— Etant arrivé, reprit le comte, incognito à Mont-Didier, j'entendis une foule de voix bénir le nom de mademoiselle de Fresnoy, et j'appris bientôt que ses bienfaits avaient fructifié dans cette partie de notre province. Je résolus de m'assurer personnellement de la véracité de ce dernier bruit ; m'affublant de quelques méchants vêtements, dont je me précautionnai, j'entrai ainsi à Fresnoy, contrefaisant l'idiot. J'avais de grandes dispositions pour remplir ce rôle, et je m'en acquittai fort bien, à ce qu'il paraît, car dès que je me fus présenté à quelques braves paysans, il n'eurent rien de plus pressé que de m'envoyer dans une cabane située à quelques pas du château. Comme je sus assez bien m'y prendre pour exciter sur mes infortunes imaginaires la compassion de ces bonnes gens vers lesquelles on m'avait envoyé, j'ai appris que chez eux était une caisse de secours tenue par leur fils Jérôme, caisse fondée pour le soulagement de tous les pauvres qui n'ont ni feu ni lieu, et dans laquelle chaque enfant du pays verse religieusement, chaque dimanche, la moitié de la rente qu'il reçoit de mademoiselle de Fresnoy. On tira donc de la caisse une somme nécessaire à mes besoins les plus urgents, et, lorsqu'on m'eut entièrement revêtu des pieds à la tête, on jugea convenable de me présenter à la grande bienfaitrice qui tient ici tous les cœurs en suspens.

Vous savez le reste... A mon tour, je vous recommande Jérôme comme l'un des meilleurs garçons du pays. Afin de réaliser plus convenablement le plan de cet excellent garçon, si vous le voulez bien, nous fonderons une caisse de faveur de ces dignes enfants que votre exemple a rendus si charitables, caisse dans laquelle s'amassera une dot pour chacun d'eux, ce qui ne les empêchera pas d'exercer encore le plus mystérieusement du monde, leurs petits bienfaits en faveur des infortunés dépourvu de *gîte* ou de *raison*.

Louise sourit à ces derniers mots, et répondit :

— Si encore chacun de leurs protégés devenait le héros *fortuné* d'un beau conte de fée, ne trouvez-vous pas, monsieur le comte, que notre province finirait par acquérir un merveilleux enchantement.

— Ce vœu est inutile, car votre présence en ces lieux a grandement coopéré à cet enchantement ; et quoique vous vous enveloppiez des voiles du crépuscule pour répandre votre prestige sur ces honnêtes gens, je vous jure que votre merveilleuse image resplendit sur toutes ces bonnes âmes, et y brille avec autant d'éclat que le soleil sur les planètes.

— Je vous pardonne ce déluge de compliments emphatiques, monsieur le comte : vous êtes poète.

— Pour vous servir, Madame, répéta Valognes.

— Oh ! je n'ai plus besoin de vous prier d'exercer votre talent, je suis convaincu de votre savoir faire.

— Mais moi, objecta le marquis, que cette petite scène avait grandement diverti, ne puis-je être à même d'apprécier aussi?..

— Rien de si juste, mon père, répliqua Louise en tirant de son corsage, où il était caché, le papier sur lequel le rusé gentilhomme avait écrit ses deux rimes. Et elle le présenta à son père qui le lut incontinent.

— Cher comte, ajouta celui-ci en tendant la main à Valognes, et en la serrant cordialement, les beaux vers ont toujours eu le secret du chemin de la vraie noblesse.

Julia n'avait point paru à cette soirée intime. Elle était alors occupée à réfléchir sérieusement sur la paresse, ce vilain péché qui est la clef des autres. Ses bévues réitérées du matin, y compris celle qui lui avait acquis un affront (si je puis me servir de cette expression) de la part du comte de Valognes, alors le pauvre idiot ; le souvenir de ses bévues, dis-je, lui faisait facilement comprendre qu'un langage vicieux est un des plus mauvais cachets que l'on puisse apporter dans la société. Elle comprit aussi que quiconque se voue à l'oisiveté n'a ni la force d'entretenir son physique ni celle de parer son moral ; de là la difformité de l'esprit. Tout se ressent de la paresse : l'âme s'appauvrit par le défaut de culture scientifique ; le corps vieillit par la négligence des soins qui lui sont nécessaires, et bientôt l'on devient inutile à tout le monde.

Cependant Jérôme maugréait en cherchant à se rendre compte de la disparition de son protégé qui s'était *éclipsé* le matin, immédiatement après sa rentrée dans la cabane. Vingt quatre heures se passèrent sans qu'il sût ce qu'il était devenu.

Hélas ! le pauvre garçon était bien loin de s'imaginer que cet être, objet de sa constante pitié, n'était rien moins que le riche héritier d'une noble famille du royaume. Il attendit encore trois jours, mais en vain. Il comprit facilement alors que cette *pauvre imagination perdue*, comme l'avait qualifiée mademoiselle de Fresnoy, n'avait pu apprécier le sacrifice inouï que la société enfantine de Mont-Didier lui avait fait en dépouillant pour lui son humble banque. Enfin Jérôme pensa après avoir été dupe. Toutefois il songea que le dimanche suivant lui vaudrait peut-être un éclaircissement quelconque et il résolut d'attendre. D'ailleurs, il n'avait plus que trois jours.

Comme il était sur le bord de l'avenue qui conduisait de sa cabane au château, il vit soudain se diriger de son côté une jeune fille montée sur la haquenée blanche de Louise de Fresnoy. Cette enfant de treize ans au plus, était fort bien vêtue : d'un gracieux feutre à légère plume grise, placé sur le côté de la tête, s'échappaient deux longues tresses terminées par des rubans bleu de ciel ; un corset de velours grenat surmontait un énorme jupon en gros-de-naples gris de fer, le tout chamarré de petits boutons d'or et de rosettes charmantes : c'était Julia de Fresnoy. Elle s'arrêta devant la cabane de Jérôme, et jetant la bride de son cheval à l'écuyer qui l'escortait, elle descendit prestement et entra dans cette pauvre demeure.

— Mes braves gens, dit-elle en regardant toute la famille ébahie, on vous attend tous demain au château. Mon beau-frère, le comte de Valognes, et sa noble épouse vous accordent une place de fermiers. Quand à vous, *petit Jérôme*, ajouta-t-elle avec un malin sourire, comme vous avez trouvé à ma sœur un intendant fort gracieux, il est juste que je songe aussi à en avoir un de mon côté ; je vous ferai le confident intime de mes œuvres secrètes. Et comme je sais que vous vous entendez à merveille à remplir l'office de caissier, vous serez également chargé des clefs d'une banque-modèle que le comte et la comtesse de Valognes projettent d'établir en faveur de la jeunesse indigente de la Picardie.

Il est inutile d'ajouter que le lendemain la famille de Jérôme entra, chapeau bas, au château de Fresnoy pour ne plus le quitter. Le petit paysan demeura longtemps attaché à sa jeune maîtresse Julia, qui depuis cette époque, se crut obligée de regagner par ses études approfondies et ses bonnes œuvres les jours nuls qu'elle avait accordés à la paresse. Quand à Louise de Fresnoy et l'ortuné de Valognes, qu'on unit dans la la même semaine à l'église métropolitaine d'Amiens, ils ne démentirent pas un seul instant le quatrain qui avait préludé à leur perpétuel bonheur : Louise demeura sans cesse *la noble fille au cœur d'or, à l'âme grande et belle, et Fortuné son messager fidèle.*

FIN.

TABLE.

FIN DE LA TABLE.

Limoges. — Imp. F. F. Ardant frères.

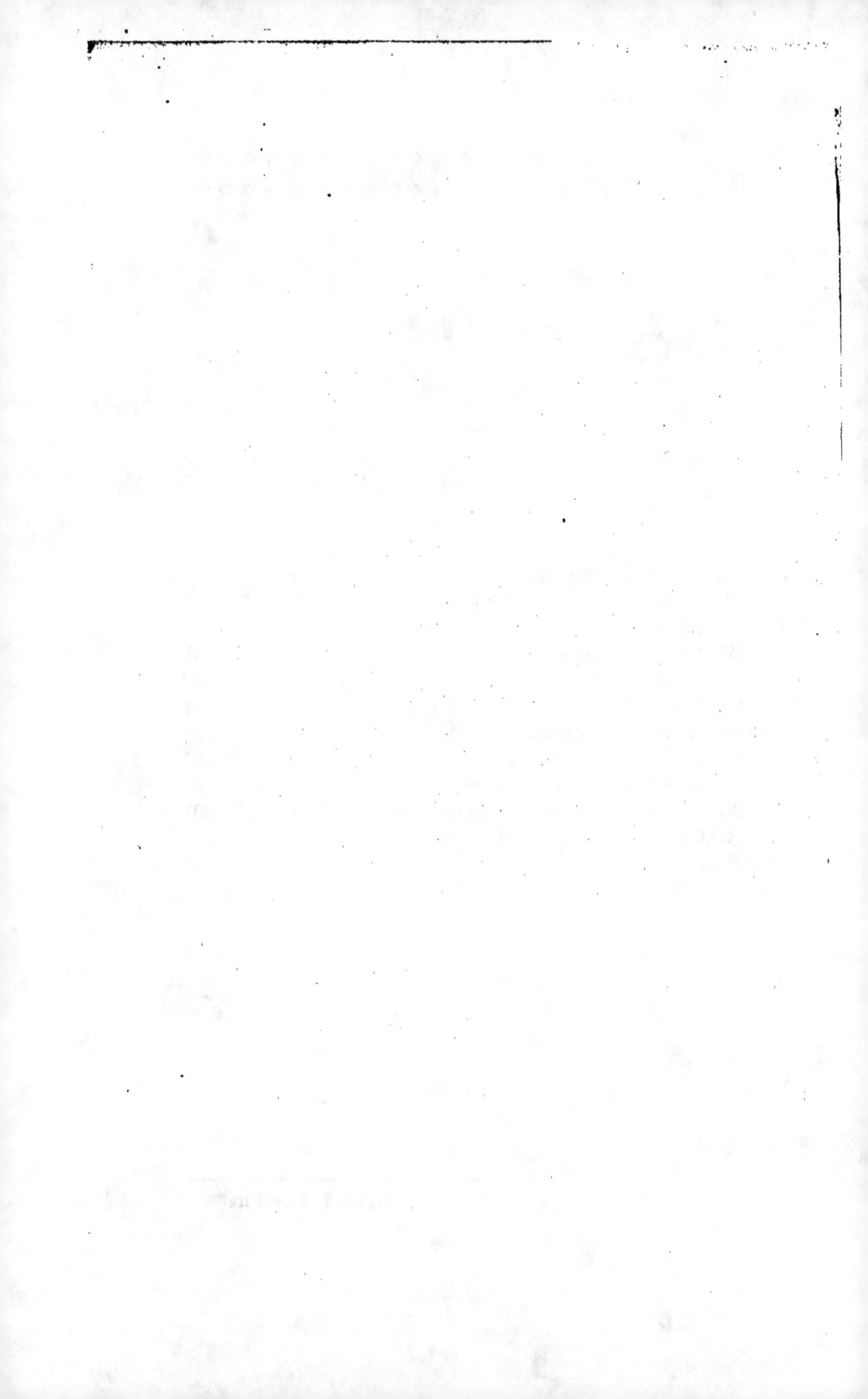

www.ingramcontent.com/pod-product-compliance
Lightning Source LLC
Chambersburg PA
CBHW052208270326
41931CB00011B/2272